子どものための
交通安全教育入門

● 心理学からのアプローチ

大谷 亮
金光義弘
谷口俊治
向井希宏
小川和久
山口直範 編

ナカニシヤ出版

本書のねらいと利用方法

　本書は，子どもの交通安全教育に携わっている，あるいはこれから携わろうとしている方々のために刊行されたものです。日本では，昭和30年代から40年代以降に子どもの交通事故が社会問題となり，各地で交通安全教育や指導が実施されるようになりました。この取り組みが功を奏し，その後は，子どもの交通事故死者数および負傷者数ともに減少傾向にあります。しかし，今もなお，子どもが交通事故で負傷するケースが全国で1日約150件発生しており，従来の交通安全教育とともに，新たな視点からの取り組みが希求されています。

　日本交通心理学会の学校・家庭部会においても，学校現場の中で，交通安全教育の重要性は認識されていながら，有効な取り組みの実施は難しいといった実情が報告されています（例えば，谷口, 2009；金光, 2009）。そこで当部会では，幼児保育や学校教育の現場において，より効果的な交通安全教育が実施され，一人でも多くの子どもが自他の命と安全を大切にできるようにしたい，という動機から本書の刊行に至った次第です。

　子どもを対象にした交通安全教育をより効果的に実施するためには，交通法規や教育担当者の経験に基づくこれまでの取り組みに加え，「理論」に則った教育が必要となります。理論に基づかなければ，対策が場当たり的なものとなり，さらなる子どもの交通事故の低減は期待できません。また，日本では，子どもを対象にした様々な教育的活動が実施されていますが，これらの取り組みの効果の検証がなされないまま同じ内容が継続される場合が多く，効果的で効率的な教育の実現には至っていないのが現状です。

　本書は，主にこの2点を意識して執筆されています。すなわち，理論に基づく交通安全教育については，「心理学」の観点から子どもの発達段階に応じた交通安全教育の内容や手法を考案しています。また，効果の側面については，本書で紹介する交通安全教育の実践例毎に，実施しやすい取り組みかどうかや，現時点での効果の検証結果から解説を行い，読者の皆様がより効果的な教育を実施する上での参考になるように配慮したつもりです。

　学校保健安全法第二十七条には，「……児童生徒等に対する通学を含めた学校生活その他の日常生活における安全に関する指導，職員の研修その他学校における安全に関する事項について計画を策定し，これを実施しなければならない」とあります。本書に記した心理学の理論に基づく交通安全教育の考え方が，学校安全計画の策定などに反映され，効果的な安全教育が実施されることを切に願っています。

　さらに，「交通安全」だけではなく，防犯などを含む「生活安全」や「災害安全」への応用も期待するところです。交通安全のために必要な技量として，「冷静に行動する」，「問題を主体的に考える」，「他者の気持ちを理解する」などがありますが，これらは生活安全や災害安全を考える上で不可欠な生きる力を育む内容でもあります。

　また，本書では子どもの交通安全教育を対象にしていますが，例えば，若年者や高齢者，さらには，職業ドライバーを対象にした安全教育に従事されている人たちにも有益な資料となる内容が含まれています。

　輝かしい未来のある子どもたちが，安全を確保しつつ，他者との良好な関係を築きながら成長するために，本書が少しでもお役に立てることを編者と執筆者一同心より願っています。

　最後に，本書の刊行に際して，多くの方々からご支援を賜りました。特に，西山啓先生（広島大学名誉教授），神作博先生（中京大学名誉教授），垣本由紀子先生（日本ヒューマンファクター研究所顧問）のお三方には貴重なご助言を頂戴しました。また，株式会社ナカニシヤ出版

編集部の宍倉由髙氏と米谷龍幸氏には，心理学的観点から子どもの交通安全教育に関する図書を刊行したいとの熱い思いにご賛同頂き，より良い図書にするために様々なご支援を頂きました。この場をお借りして皆様に心からお礼申し上げます。

2015年12月
編者・執筆者を代表して
大谷　亮

【引用・参考文献】
谷口俊治 2009 交通安全教育の必要性と認識実態——一般人と大学生の場合　交通心理学研究, **25**(1), 23-24.
金光義弘 2009 交通安全教育の必要性の認識と実践との乖離—高校教員の場合　交通心理学研究, **25**(1), 24-25.

本書の構成と内容

本書は大きく分けて第Ⅰ部の「基礎編」と第Ⅱ部の「実践編」から構成されています。

第Ⅰ部の基礎編では，効果的な交通安全教育を実施するための心理学的な理論に基づく考え方，さらには，子どもの発達とそれに応じた教育内容や手法について論述しています。また，第Ⅱ部の実践編では，保育園・幼稚園，小学校，中学校以降を対象にして，日本交通心理学会学校・家庭部会に関係する執筆者がこれまで実践してきた事例を紹介しています。

安全教育に取り組みたいが，時間がない中で計画・立案・実施をしたい方々には，第Ⅱ部の実践編に記されている各事例の内容と解説が参考になると思います。実践編の各事例の右上には，「実施の課題」と「教育の効果」の欄を設けています。「実施の課題」はその事例を行う上で今後解決すべき事柄，「教育の効果」は，事例を実施した結果，子どもにどのような影響を及ぼしたかを現時点での研究の成果から判断し，コード番号で表記しています。コード番号の内容は次の通りです（図0-1）。

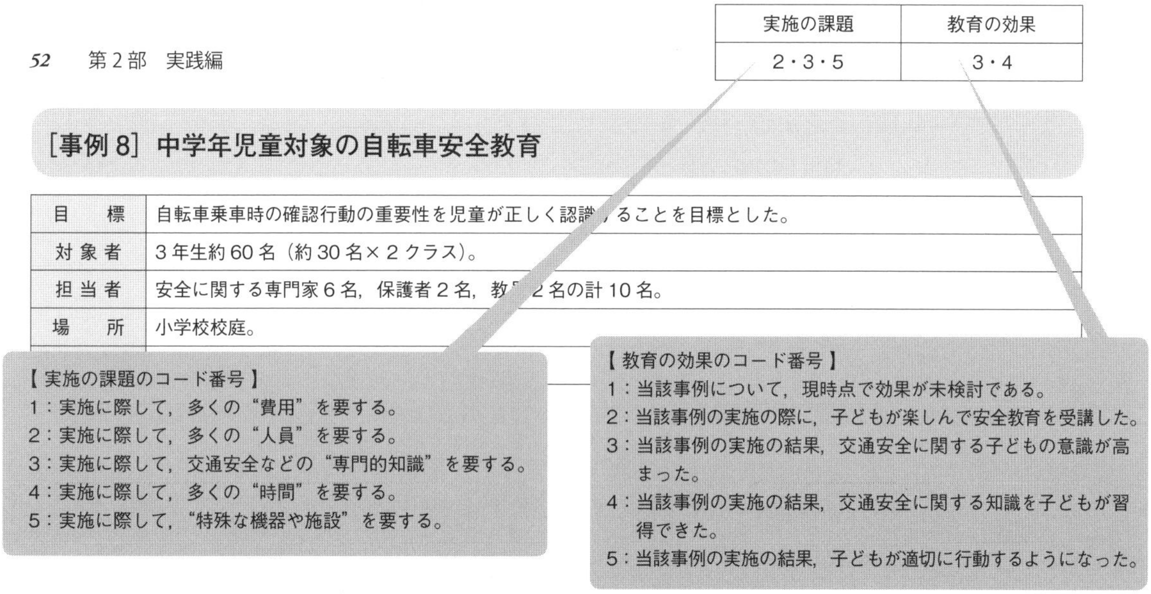

52　第2部　実践編

実施の課題	教育の効果
2・3・5	3・4

[事例8] 中学年児童対象の自転車安全教育

目　標	自転車乗車時の確認行動の重要性を児童が正しく認識することを目標とした。
対象者	3年生約60名（約30名×2クラス）。
担当者	安全に関する専門家6名，保護者2名，教員2名の計10名。
場　所	小学校校庭。

【実施の課題のコード番号】
1：実施に際して，多くの"費用"を要する。
2：実施に際して，多くの"人員"を要する。
3：実施に際して，交通安全などの"専門的知識"を要する。
4：実施に際して，多くの"時間"を要する。
5：実施に際して，"特殊な機器や施設"を要する。

【教育の効果のコード番号】
1：当該事例について，現時点で効果が未検討である。
2：当該事例の実施の際に，子どもが楽しんで安全教育を受講した。
3：当該事例の実施の結果，交通安全に関する子どもの意識が高まった。
4：当該事例の実施の結果，交通安全に関する知識を子どもが習得できた。
5：当該事例の実施の結果，子どもが適切に行動するようになった。

図0-1　各事例のコード番号

ただし，事例だけを眺めても，心理学の理論に基づく交通安全教育については理解できず，各事例で課題となっている問題をどのように捉えれば良いかを知ることはできません。したがって，効果的かつ効率的な交通安全教育を実施するために，第Ⅰ部の基礎編を読んでいただくことをおすすめします。また，基礎編では，実践編に盛り込むことのできなかった国内外の興味深い交通安全教育の取り組みを，子どもの発達段階を考慮して説明していますので，ぜひともご参考にして頂ければ幸いです。

本書に収められた事例に記されている課題は，読者の皆様の「創意工夫」によって必ず解決できるものと考えています。各事例の課題が皆様の手で解決され，いっそう効果的な安全教育の取り組みが展開されれば，多くの子どもの安全が確保されると同時に，良き交通社会人を育てることができると信じています。

目　　次

第 I 部　基　礎　編

第 1 章　効果的な交通安全教育のために ——— 3

- 1-1　交通安全教育とは　*3*
- 1-2　リスク低減を目指して　*4*
- 1-3　子どもの交通事故の特徴を通して　*6*
- 1-4　体系的な交通安全教育を目指して　*6*
- 1-5　発達段階に応じた教育を　*8*
- 1-6　保護者や地域住民による教育の重要性　*9*
- 1-7　教育の効果の考え方　*10*
- 1-8　まとめ　*11*

第 2 章　子どもの発達と交通安全教育 ——— 13

- 2-1　一般的な特性　*13*
- 2-2　知覚・運動特性　*15*
- 2-3　危険知覚　*17*
- 2-4　社会的スキルと道徳感　*18*
- 2-5　文化，世代，地域による差　*20*
- 2-6　まとめ　*20*

第 3 章　学校安全の観点から見た交通安全教育の課題と方向性 ——— 25

- 3-1　学校安全と交通安全教育　*25*
- 3-2　通学路の安全推進と交通安全教育　*26*
- 3-3　交通安全教育は「能力開発」である　*28*
- 3-4　交通安全教育の推進に関わる課題と展望　*30*

第 4 章　教育担当者について ——— 33

- 4-1　教育担当者に求められるもの　*33*
- 4-2　交通安全教育のための資格制度　*35*

第Ⅱ部　実践編

[事例 1]　ももたろうクラブ　　*38*
[事例 2]　人形劇による横断行動の観察学習　　*40*
[事例 3]　キッズバイククラブ　　*42*
[事例 4]　交通安全マップづくり　　*44*
[事例 5]　役割演技法を用いた高学年向け安全教育　　*46*
[事例 6]　社会性（公共マナー）育成の安全教育　　*48*
[事例 7]　交通公園における小学生対象の交通安全教育　　*50*
[事例 8]　中学年児童対象の自転車安全教育　　*52*
[事例 9]　中学生による交通安全実践教育：みどりの林檎　　*54*
[事例 10]　自動車教習所における交通安全教育　　*56*
[事例 11]　家庭における継続的安全教育の個別事例　　*58*
[事例 12]　小学生児童対象の自転車安全教育　　*60*
[事例 13]　地域住民による交通安全教育　　*62*

あとがき　　*64*
事項索引　　*67*
人名索引　　*68*

第1部　基礎編

第1章　効果的な交通安全教育のために

1-1　交通安全教育とは

　　日本では交通安全教育の名のもと，子どもから高齢者の幅広い年齢層を対象にして様々な取り組みが実施されているが，これらの教育の目標とするところはいったい何であろうか。「交通安全」という用語が入っていることから，移動中の事故を低減するための活動であることは論をまたないが，人間のどの側面に焦点を当てるかによって，教育に関係するその他の概念との位置づけが多少異なってくる。ここでは，効果的な交通安全教育を実施するための考え方について話を進める前に，「学習」「訓練」「コーチング」といった用語との比較から，「教育」とは何かについて考察してみたい。

　　表1-1に示したように，「教育」とは善徳に導くことであり，「走る」や「歩く」などの行動を決定する態度や価値観といった構成概念[1]を形成または変容させるための根本的な活動と考えることができる。これに対して，「学習」は行動といった表面に見える部分が直接変容することを意味している。また，教育は，「比較的成熟した人」が行う教授的活動と位置づけられるが，学習の場合には，学習者自身が独自に経験することで生じる行動変容や過程も含まれる。

　　次に，「訓練」や「コーチング」は，ある特定の技能や能力の習得を目指している点で行動変容を導く学習のためのものであり，態度や価値観の形成や変容を主な目標とする教育とは目指すゴールが異なっている。また，訓練（Training）とコーチング（Coaching）の違いは，語句に含まれている乗り物を想像すると理解しやすい。すなわち，訓練はTrain（鉄道）であり，

表1-1　教育に関係する用語の定義

用　語	定　義
教育 （Education）	①善徳に導くこと。教えて知識を啓発させること。 ②成熟しない者の身体上および精神上の諸性能を発展させるために，諸種の材料や方法によって，比較的成熟した人が，ある一定の期間，継続して行なう教授的行動。（広辞林より）
学習 （Learning）	経験や訓練により行動が比較的永続的に変容すること。 なお，「経験や訓練」による行動変容という点から，成熟や疾患などの効果は学習の定義から除外される。また，「比較的永続的」な行動変容という点から，疲労や薬物による効果は学習の定義から除外される。（心理学の定義）
訓練 （Training）	① あることを教え，継続的に練習させ，体得させること。 ② 能力・技術を体得させるための組織的な教育活動。（大辞泉より）
コーチング （Coaching）	①運動・勉強・技術などの指導をすること。 ②自分で考えて行動する能力をコーチとの対話の中から引きだす自己改善技術。（大辞泉より）

---

[1] 観察可能な行動から推論されるもので，ある事象を統合的に説明・予測するのに用いられる心理学的概念。

表 1-2 交通行動の階層と教育目標 (小川, 2007)

階層レベル	ドライバー	児童生徒
第4層	生活の目的と生きるためのスキル	動機, ライフスタイル
第3層	運転の目的と文脈	行動プランの意思決定
第2層	交通状況への対処	危険予測
第1層	車両操作	自転車の乗り方

目的地（ある技量や能力の習得）まで線路があらかじめ引かれており，指導者の教えのもとに成立する。これに対して，コーチングはCoach（Kocsi：ハンガリー語，四輪馬車）に由来しており，線路によって目的地までの経路があらかじめ想定されているものではなく，路上で馬車を御するがごとく対象者自らがコーチとの対話の中で改善しようとする過程である。

主に技量や能力の向上による行動の変容を目標とする訓練やコーチングと，行動の背景にある態度や価値観の形成や変容を目指す教育の関係性について，フィンランドの心理学者ケスキネン（Keskinen, 1996）が考えた運転行動階層モデルを基に整理してみたい。運転行動階層モデルは子どもの交通行動にも適用可能であり（小川, 2007：表1-2），第1層が道路の歩き方や自転車の乗り方といった技量，第2層が危険の予測に関する能力となっている。また，行動プランの意思決定であり交通に対する態度や価値観が第3層であり，第4層が動機やライフスタイルといった人生に関する態度や目的を示している。このモデルの意味するところ，道路を横断するには必ず止まって周囲を確認するといったスキルや能力（第1層）を習得しても，その上の危険予測などの道路状況の把握や対応能力（第2層）を身につけなければ，交通事故の危険性が増すことになる。また，この危険予測や対応に関する技量や能力をもっていても，上位の交通行動の計画（第3層）や，動機，ライフスタイル（第4層）が安全に方向づけられていなければ，事故の可能性を増大させる結果となる。すなわち，「技量はもっていてもやらない」といった状況となる。

第1層のスキルや第2層の危険予測・対応能力の取得は，主に訓練やコーチングにより学習されるものであるが，教育はこの二層だけではなく，上位の交通行動の計画・目的，さらには，動機やライフスタイルの形成や変容を目標としている。この点から考えると，訓練やコーチングによってある技能や能力を取得できたとしても，教育によって態度や価値観が安全に方向づけられなければ，事故のリスクを増大させることになり，いかに教育が根本的な活動かを理解することができる。

このように，事故を未然に防ぐために実施される訓練やコーチングといった学習の技法と教育では対象とする人間の側面が根本的に異なるが，日本の場合，交通安全へと導く人間への教授活動を広く交通安全教育と呼んでいる。

本書でも，交通安全に係わる訓練，コーチング，学習，および，態度や価値観の形成や変容を目指す教育を総称して，交通安全教育と呼ぶ。

1-2 リスク低減を目指して

1-1節では交通安全教育とは何かについて記したが，どのような考え方のもと教育を実施すれば，効果的な取り組みとなるであろうか。交通安全教育を実施する場合に，まず理解しておきたいのが事故発生のメカニズムである。

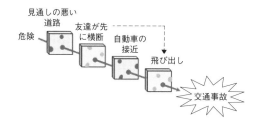

図 1-1　スイスチーズモデルと交通事故のメカニズム

　学校の中で生じる様々な事故（例えば，遊具からの転落）と同様に，交通事故も幾つかの要因が複数関連して発生している。交通事故の中で，人間が関係した人的要因事故は，全事故の90％以上を占めるとの報告があり（Treat et al., 1977），人間自らが事故の危険性を高めている状況を窺い知ることができる。

　さて，日本語では，危ないことを「危険」と呼んで広く一般的に使われているが，英語圏内では，「危険」を，リスク（Risk），ハザード（Hazard），ペリル（Peril），および，デンジャー（Danger）などといった幾つかの種類に分けて定義している（蓮花，2000）。この内，リスクは「ある危険事象や損失が生じる可能性や不確実性」と定義される。様々な種類の事故と同様に，残念ながら，交通事故のリスクを0％とすることは不可能である。これをリーズンら（Reason et al., 2001）が提唱したスイスチーズモデルを使って考えてみると次のようになる。

　リーズンらは，危険源があっても幾つもの防御壁があれば事故に至ることはなく，スイスチーズのように防御壁に穴が開いている場合に事故に至ると述べている。子どもの交通事故を例にしてみると，例えば，集団下校時に子どもが道路を歩いている時に，「見通しの悪い道路を歩く」「他の子ども（集団）が先に横断する」「交差車両が接近する」「集団に追いつくように急いで飛び出す」などの要因が重なって交通事故が発生する（図1-1）。この場合，環境的対策（Environment：例，見通しの悪い箇所をなくす），強制・規制対策（Enforcement：例，見通しの悪い箇所を通学路に定めない），模倣・事例対策（Example：高学年が正しい横断を示す），自動車工学対策（Engineering：先進安全運転支援システムを自動車に付ける），教育的対策（Education：飛び出さないように訓練する）の防御壁[2]の一つがあれば事故を防げるかもしれない。ただし，全ての対策が講じられることは困難であり，先述の通り，交通事故のリスクが完全に0％となることは不可能ということになる。

　しかしながら，事故のリスクを0％にすることができないからといって対策を講じないのは問題であり，限りなく0％に近づけるための諸策が講じられなければならない。子どもの交通安全についても事故対策の5Eを体系的・組織的に実施することの重要性を理解し，学校安全として危険に対する子どもの対応能力を育成する安全教育と，人と物に関する環境を整備する安全管理の2つの活動を実施して（文部科学省，2010），できる限り事故のリスクを0％にすることが重要となってくる。ここで覚えておきたいのが，「環境が変わって安全になった」と認識すると，逆に危ない行動を敢行するといった「危険補償（Risk compensation）」と呼ばれる人間の本質的な特徴である（Wilde, 1994）。例えば，道路の幅を拡張するとドライバーは速度を上げるといった行動は，危険補償の現れの一つである。危険補償行動を考えると，5Eの中でも人間を中心とする教育的対策が根本的な対策と位置づけられ，環境が変わっても子どもが過度に安全と考えることなく，適切な行動を遂行できるように交通安全教育を実施していくことが

---

[2] これらの諸策は英語の頭文字をとって「事故対策の5E」と呼ばれる。

求められる。

1-3 子どもの交通事故の特徴を通して

子どもの交通事故のリスクを低減することを目的とした教育を実施するためには，事故が生じる状況と特徴を理解しておく必要がある。

子どもが原因となる交通事故をみると（（公財）交通事故総合分析センター，2005），歩行中の場合には，幼児から小学校児童の時期にかけて「飛び出し」に起因する事故が多い。また，自転車乗車中の事故では，幼児から中学校生徒まで出会い頭事故が多く，安全不確認が主たる原因となっている。

英国運輸省（DfT）は，グリーン・クロス・コード（Green Cross Code）と呼ばれる指針の中で，①横断のために最も安全な場所（信号機のある道路など）を探す，②道路を横断する前に必ず止まる，③周囲を確認して自動車の走行音も聴く，④車が接近している時には横断しない，⑤道路をまっすぐ横断し，決して走らない，を徹底して，飛び出しや安全不確認に起因する子どもの事故を低減するように推奨している。

また，子どもの飛び出しを起こさせないために，周囲の大人の配慮も重要となる。交通事故の統計（松浦，2011；Sandels, 1975）や子どもの横断行動の観察結果（斉藤，1984）を見ると，関係者（保護者など）が周囲にいた場合に，子どもが事故に遭う，または不安全な行動が観察されるケースが多いという。この点から，「ぐずぐずしないで早く渡って」といった言葉を道路上では言わないことや，送迎時に車から降りる時にも子どもの飛び出しが起きないように，周囲の大人が気を配ることが大事になる。また，例えば集団登下校時に高学年が急げば，低学年は高学年について行くことに注意が集中し，飛び出しや安全不確認が誘発されやすくなることは容易に想像できる。したがって，低学年が衝動的な行動を誘発しないように，集団登下校時のリーダーとしての高学年への教育も必要となる（大谷他，2012）。さらに，例えばドライバーに道を譲ってもらった時のように，他者との関係の中で飛び出しや安全不確認が生じやすい場面を想定して，教育や訓練を実施することも重要となってくる。

1-4 体系的な交通安全教育を目指して

1-3節で示したように，子どもの交通事故が飛び出しや安全不確認といった原因に起因することが多いことから，子どもを対象にした日本の安全教育では，止まって周囲を確認するといった基本的な行動の取得を目指した訓練が実施されることがほとんどである（斉藤・日比，1985）。ここで，交通安全にとって重要な基本的な行動を子どもに教えるだけで十分かというとそうではない。その理由の一つは，1-2節に記したように，交通事故は複数の要因が関与して発生しており，これに対処するためには，様々な技量を子どもが体系的に習得することが必要となるからである。

また，多くの子どもは将来自動車を運転することになる。交通社会の中で他者とともに快適に生活していくために必要な社会的スキルと適切な安全態度を身に付けるには幼少期からの継続的な安全教育が重要であり（小川，2000；大谷他，2009；蓮花，1997），多種多様な技量や能力を習得できるように様々な交通安全教育を全体として構成することが重要となる。

さらに，体系的な交通安全教育が重要となるもう一つの理由は，子どもの交通安全教育に対する「飽き」や「馴れ」を低減することにある。毎年，イベント的に同じような教育を繰り返すと，交通安全教育の取り組みが形骸化し（小川，2000），安全教育さらには安全自体への子ど

表1-3 子どもが習得すべき技量や能力の例

項　　目	例
危険知覚	・危険な対象物（接近する車，見通しの悪い箇所など）の発見 ・横断するのに安全な道路（信号機のある道路など）の発見
時間予測と視覚的タイミングの判断	・接近する車の到達時間の予測 ・自分の横断時間の予測 ・車が接近するのを眼で見て横断するタイミングの判断
複数の対象物に対する対応	・車が多く存在する中で一番危険な対象物を発見する能力
知覚と行動の協応	・歩きながら危険を見つける技量 ・適切に確認するための身体の動かし方
車の特性の理解	・内輪差や死角の把握 ・車の停止距離の理解
ルールの理解	・信号機や標識の意味の把握 ・各種交通法規が必要な理由の理解 ・社会の中でルールが必要となる理由の理解 ・ホンネとタテマエの理解
他者理解と社会的スキルの取得	・他の交通参加者の行動予測（ドライバーは何をしようとしているのか） ・他の交通参加者の感情理解（何をすれば他の交通参加者が快適か）
交通参加者としての責任感	・他者と自身が事故に遭わないための責任感の形成 ・交通社会の中で他者と自身が快適に過ごすための責任感の醸成
感情のコントロール	・怒り・喜び・不安・悲しみなどの感情を抑える能力 ・冷静に判断や行動するための技量

もの動機づけが低下してしまう。したがって，子どもの飽きが生じないように交通安全教育の実施を長期的な観点から考えて体系的に計画していくことが望まれる。

　体系的な教育の中で，交通事故に遭わないことや快適な交通社会の実現のために子どもが習得すべき技量として，表1-3に記した内容がある（新井, 1997；Thomson et al., 1996；小川, 2009）。

　例えば，道路を横断する際に，止まって周囲を確認するといった基本的な行動を遂行するためには「知覚と行動の協応」などが必要となり，また，交通状況の中に潜む多種多様な危険を適切に知覚して対応する能力の育成も重要となる。さらに，他の交通参加者の行動や感情を予測することが，交通事故の低減や快適な交通社会の実現にとって重要であり，子どもがドライバーやその他の交通参加者の意図を理解して行動できるように，適切な社会的スキルを習得することが求められる。加えて，交通社会が法規に則って成立することを考えると，責任感のある交通社会人として子どもを育成することが鍵となる。

　体系的な教育の実現のためには，様々な学習経験を螺旋状に発展させるスパイラルカリキュラムの考え方（小川, 2009）を参考にして，簡単な行動から複雑な行動の習得を目指す学習や，具体的な技能から知識（抽象的）による技術の獲得を図る教育（Michon, 1981）などの視点を取り入れて，様々な教育を組み合わせることが重要となる。また，体系的な交通安全教育の実現には，5W1H（誰が，誰に，何を，いつ，どこで，どのように）に基づいて各種の教育プログラムを整理し，一連の子どもの発達段階に応じた取り組みを実施することも必要となる（小川, 2000；大谷他, 2009）。教育手法については，例えば，ローテンガッター（Rothengatter, 1977）が整理した以下の4種類の方法があり，子どもの年齢や教育内容によってこれらの手法を使い分けることも有用である。

　①理論教育法（教室内で子どもに講義を聞かせる教育）
　②提示法（スライドやビデオなどの視聴覚教材を用いた教育）
　③実際訓練法（子どもに正しい行動を敢行させる教育）

④行動修正法（子どもに特定の行動を敢行させ，その行動を強化する（報酬や罰を与える）教育）

1-5　発達段階に応じた教育を

　5W1Hの中で，「誰に」教えるかを考えた場合，子どもの発達段階に応じて教育手法（どのように）や内容（何を），さらには，担当者（誰が）を選定しなければ，取り組みの効果を十分に発揮することができない。例えば，担当者（誰が）についてみると，幼児や低学年児童では保護者，保育士，教員，制服を着た警察官などの影響力が大きく，成長するとともに同世代の仲間との関係が重要となってくる（心理科学研究会，2009）。このことから，発達段階の初期では，保護者，保育士，教員，制服を着た警察官などによる訓練やコーチングを主として実施し，成長するとともに仲間同士によるピア学習を中心とした教育を実施するなどの工夫が求められる。また，親子間のより良い関係を構築することを目的とするならば，保護者も参加した安全教育を高学年児童以降の取り組みとして実施することが有効な場合もある。

　次に，教育の内容について考えた場合，子どもがすでに取得している技量や能力を再び訓練すると，学習に対する動機づけが低下することになり，期待した効果が得られなくなる可能性がある。一方で，ある時点の子どもの発達段階にとってあまりにも困難な内容を教育目標にすると，「自己効力感[3]」が低下し，学習に対する動機づけにも影響することが知られている。また，ロシアの心理学者ヴィゴツキー（Vygotsky, 1978）は，子どもの発達における社会（同世代の仲間など）の役割の重要性を唱え，最近接領域の考え方を提唱した。最近接領域とは，「自分一人でできること」と「教えられなくても他者（同じ学習者）となら一緒にできること」の間にある部分であり，他者の助けなしには自分一人ではできない領域を意味する（図1-2）。最近接領域の考えを参考にすると，自分一人ではできないものの，他者のサポートにより達成できる程度の内容を交通安全の目標として掲げると，学習に対する動機づけが高まることになると考えられる。

　子どもがすでに取得している内容を再度教育することが，学習に対する動機づけを低下させる一因になると記したが，これは再教育が不要といっているわけではない。子どもがすでに取得している能力や技量でも，その重要性に関する認識が低下し実際の行動へと結び付かない状況であれば，再教育が必要となる。また，自己効力感の点からハードルの高い内容の教育は学習に対する動機づけが低下することを示したが，保育園や学校現場の実情を考えると，困難な課題でも教育すべき内容も存在することは確かである。例えば，低学年児童にとっては衝動性を抑えることは非常に難しい課題であるが，保護者の手から離れて独力で通学しなければなら

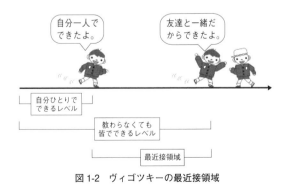

図1-2　ヴィゴツキーの最近接領域

---

[3]　ある課題に対して自身が何らかの働きかけによって「達成できる」という感覚。

ない状況下では，飛び出しといった衝動的行動を抑制するための教育は重要度が高くなる。同じ内容の再教育やハードルの高い内容については，教え方を子どもの発達特性に合わせ，適切な教育担当者を選定するなどの工夫によって，内容への理解を少しでも促進することが求められる。例えば，止まって周囲を確認するといった基本的な技量の取得を目指す内容ならば，低学年児童には訓練やコーチングを通して直接行動を修正するようにし，成長とともに，子ども同士で止まることや周囲を確認することの重要性を集団で議論して安全態度を醸成するなどして，発達段階によって手法を変えて同じ内容の再教育を行うことが有益となる。また，幼児期にはハードルの高い内容であっても，内容を「止まること」や「周囲を見ること」などの幾つかの要素に分けて，比較的習得容易な要素から徐々に訓練を開始し，最終的に目標とする行動に近づけるなどの工夫も有用と考えられる。

発達段階に配慮した教育では，成長という一連の文脈の中で考える必要があり，この点からも1-4節に記した体系的な交通安全教育が重要となることが理解できよう。

1-6 保護者や地域住民による教育の重要性

飛び出しや安全不確認に起因する事故を防ぐためには，止まって周囲を確認するといった行動を子どもが習得することが求められるが，このためには，具体的な状況を想定した日常的な「繰り返し」の訓練が必要となる。しかしながら，保育園や学校の多忙な状況を考えると，日常的に横断行動の訓練を行うことは困難な場合が多いのが現状といえよう。そこで期待されるのが，普段から子どもと接する機会の多い保護者や地域住民が主体となった安全教育である。米国では，子どもが道路を横断する際に補助をするクロッシングガード（Crossing guard）と呼ばれる人々に適切な横断方法に関する資料を事前に配布し，これをもとに日常からの訓練をお願いすることで，5歳から9歳児の横断行動が適切に変容したことが報告されている（Yeaton & Bailey, 1978）。また，英国では，地域のボランティア（主に保護者）が実際の道路上で子どもの横断訓練を実施する「カーブクラフト（Kerbcraft）」と呼ばれる取り組みが組織的に実施されている（Whelan et al., 2008；図1-3）。さらに，「ウォーキングバス（Walking bus：ボランティア数名が子どもの集団登下校に付き添うこと）」と呼ばれる活動の中で，道路横断の訓練などが実施される事例も見られる。

日本でも，保護者や地域住民が子どもの登下校に合わせて立哨することや，集団登下校に付き添うなどの取り組みが広く行われているが，このような機会を利用して道路の横断訓練を繰

- 交通事故統計から，子どもが交通事故に遭いやすい地点の特徴を洗い出し，その特徴を有した実際の道路で訓練を実施する。
- 内容として，以下の3種類の技量を取得することを目標としている。
  ①横断するために安全な場所を選択する技量
  ②駐車車両のある箇所で安全に横断する技量
  ③交差点で安全に横断する技量
- 5歳から7歳の児童2名から3名のグループを構成して訓練を実施する（写真）。
- 12ヶ月から18ヶ月の間に4回以上の訓練を行う（1回の所要時間は30分程度）。

図1-3 ボランティアによる訓練（Kerbcraft）の一例（Whelan et al., 2008）

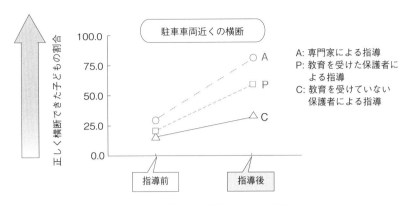

図 1-4　指導者による横断訓練の効果の比較
注) Rothengatter (1984) の研究結果をもとに作成した。

り返し実施することで，保育園や学校での活動に加えて，日常で訓練や教育が可能となり，止まって周囲を確認するなどの行動が身につくと考えられる。

ただし，地域住民がいつも子どもの横断を見守ることは不可能であり，また，訓練を行っても，小さい子どもの横断に関する判断は様々な要因（例えば，車の大きさなど）の影響を受けるため，先の Green Cross Code で推奨されているように，信号のある道路などを通行するように教えることや，子どもたちが危険な道路を歩かないように通学路を選定することも同時に必要となる。

なお，あらかじめ専門家から訓練を受けた保護者が横断方法に関する指導を実施した場合でも，子どもの横断行動に関する知識と行動が改善されるとの結果が報告されており（Rothengatter, 1984；図1-4），保護者や地域住民による貢献の大きさを窺い知ることができる。

1-7　教育の効果の考え方

交通安全教育を実施した結果，子どもたちにどのような影響が生じたかを把握することは，取り組みの効果や体系的な枠組みの中で次に何を教えるべきかを考える上で重要な資料となる。最も期待される交通安全教育の効果は交通事故が減少したという結果であるが，事故はまれに生じる事象であり，また，様々な要因を統制（全て同じにすること）して教育による事故低減の効果を把握することは不可能なため，この指標を用いて教育の効果を評価することは困難といわざるをえない。これに対して，実施した教育の効果を子どもの態度や行動の変容の点から理解することは，事故の増減を指標とするよりも現実的といえる。例えば，実施した教育に対して子どもが好意的な感情（「楽しかった」など）を抱いたかどうかを確認することで，学習に対する動機づけの点から当該教育の有用性を理解できる。また，実施した教育によって，子どもが安全に関する適切な知識を習得すること（図1-5のレベル1）や，「交通安全は重要だ」と認識することができれば（図1-5のレベル2），ある程度の教育効果があったとみなすことができよう。さらに，交通安全教育の最終的な目標は，安全に対する適切な態度や行動を子どもが身に付けることであり（図1-5のレベル3），これを実現することができた教育は大きな効果があったといえる。特に，「早く帰宅したい」などの様々な衝動や欲求が働く日常の生活の中で，子どもが適切な交通行動を遂行するようになれば，教育の効果が大きかったと判断できる。

子どもの適切な態度や行動の形成には時間と労力が必要であり，安全にとって適切な態度や行動を子どもが習得できるように，きめ細やかな教育を実践することが現在の交通安全教育に

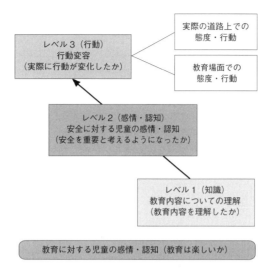

図 1-5　交通安全教育の効果の様々なレベル

とって課題となっている。したがって，子どもの交通安全教育に携わる人たちの創意工夫が今後もなおいっそう求められている。

1-8　まとめ

　本章では，発達段階に応じて体系的に交通安全教育を実施することの重要性を中心に話を進めてきた。

　保育園や学校では，交通安全の他に防犯を含む生活安全や防災などの災害安全への対応も考える必要があるが，本章で記した交通安全教育の考え方は，これらの安全に関する教育にも活用できると考えられる。例えば，交通安全教育の内容の一つである飛び出し防止の訓練は，落ち着いて行動するといった生活安全や災害安全にも結び付く技能を習得できる可能性をもっている。

　また，交通事故の防止は，特定領域の知識ばかりではなく様々な領域の知識の総合によって達成されるものであり，工夫次第では交通安全を直接の教育課題としていない科目の中でも交通安全に必要な知識や技能を習得することができる。学校現場では，学級活動や学校行事，さらには，体育・保健体育などの時間を利用して交通安全教育が実施される場合が多いが（文部科学省スポーツ・青少年局，2014），速度・距離・時間の関係を算数の授業で勉強する際に道路の横断方法を関係づけて解説することや，道徳の時間の中で，交通場面を具体例としてルールが必要な理由やホンネとタテマエに対する対応を学習することも可能である。

　交通安全教育を担当する各個人の役割を整理して，子どもの発達段階に応じた体系的な教育が実現可能となれば，なおいっそうの交通事故の低減と他者に配慮できる交通社会人の育成へとつながる道が開けることになる。

【引用・参考文献】

新井邦二郎　1997　わが国の子どもの交通安全教室の問題点 *IATSS Review*, **22**(3), 168-176.
Department for Transport（DfT）The Green Cross Code Jumble.
Keskinen, E.　1996　Why do young drivers have more accidents?（Mensch und Sicherheit, Heft M

52.) *Junge Fahrer und Fahrerinnen*. Berichte der Bundesanstalt für Straßenwesen.

(公財)交通事故総合分析センター　2005　子供の交通事故 ITARDA INFORMATION, No.54.

松浦常夫　2011　子どもの飛び出し事故の事例分析 交通事故総合分析センター第14回交通事故調査・分析研究発表会論文集

Michon, J. A.　1981　Traffic education for young pedestrians: An introduction. *Accident Analysis and Prevention*, **13**, 163-167.

文部科学省　2010　「生きる力」をはぐくむ学校での安全教育

文部科学省スポーツ・青少年局　2014　平成26年度効果的な交通安全教育に関する調査研究 文部科学省調査報告書

小川和久　2007　児童を対象とした交通安全教育プログラム―「危険箇所マップづくり」の評価研究 *IATSS Review*, **32**(4), 299-308.

小川和久　2000　学校教育の中での交通教育の実践と将来への展望 交通科学, **30**(1), 28-32.

小川和久　2009　安全教育とライフスキル―情動への対処の学習が生徒のストレス感と自己効力感に及ぼす効果 安全教育学研究, **9**(1), 15-29.

大谷　亮・橋本　博・岡野玲子・小林　隆　2009　小学校における交通安全教育の考え方と実践に関する一考察―より良き交通社会人を育成するための取り組み 日本交通心理学会第74回大会発表論文集, 13-16.

大谷　亮・岡田和未・橋本　博・小林　隆・岡野玲子　2012　集団登下校時の事故を想定した高学年児童向けの交通安全教育―小学校における交通安全リーダー育成の試み 日本安全教育学会第13回大阪大会プログラム・予稿集, 37-38.

Reason, J. T., Carthey, J., & de Leval, M. R.　2001　Diagnosing 'Vulnerable system syndrome': An essential prerequisite to effective risk management. *Quality in Health Care*, **10**, 21-25.

蓮花一己　1997　子どものための学校交通教育―ヨーロッパでの展開と日本の課題 *IATSS Review*, **22**(3), 177-185.

蓮花一己　2000　ハザード知覚とリスク知覚 蓮花一己（編）高木　修（監修）交通行動の社会心理学 北大路書房 pp. 36-48.

Rothengatter, J. A.　1977　Traffic training of children: A literature review on the basis of an instructional model. *Report VK77-05*, Traffic Research Center, Groningen.

Rothengatter, T.　1984　A behavioural approach to improving traffic behaviour of young children. *Ergonomics*, **27**(2), 147-160.

斉藤良子　1984　とび出し事故　人と車, **20**(11), 20-23.

斉藤良子・日比曉美　1985　教育手法が子どもの交通安全教育に与える影響　科学警察研究所報告交通編, **26**(1), 95-102.

Sandels, S.　1975　Children in traffic. J.Hartley(ed), London: Elek.

三省堂編修所（編）　2003　広辞林第六版 三省堂

心理科学研究会（編）　2009　小学生の生活と心の発達 福村出版

小学館「大辞泉」編集部／松村　明（監修）　1998　大辞泉　小学館

Thomson, J. A., Tolmie, A., Foot, H. C., & Mclaren, B. 1996 Child development and the aims of road safety education: A review and analysis. *Road Safety Research Report*, **1**.

Treat, J. R., Tumbas, N. S., Mcdonald, S. T., Shinar, D., Hume, R. D., Mayer, R. E., Stansifer, R. L., & Castellan, N. J.　1977　Tri-level study of the causes of traffic accidents. Report No. DOT-HS-034-3-535-77(TAC), Indian University.

Vygotsky, L. S.　1978　*Mind in society: The development of higher psychological processes*. Cambridge, MA: Harverd University Press.

Whelan, K., Tower, E., Errington, G., & Powell, J.　2008　Evaluation of the national child pedestrian training pilot projects. Department for Transport. Road Safety Research Report No.82.

Yeaton, W. H., & Bailey, J. S.　1978　Teaching pedestrian safety skills to young children: An analysis and one-year followup. *Journal of Applied Behavior Analysis*, **11**, 315-329.

Wilde, G. J. S.　1994　Target risk: Dealing with the danger of death, disease and damage in everyday decisions. Toronto: PDE publication.

第2章 子どもの発達と交通安全教育

　第1章では，子どもの発達特性に応じて体系的に交通安全教育を実施することの重要性を述べた。本章では，交通安全に関係する子どもの発達的特徴と，その特徴に応じた安全教育の考え方を紹介する。

2-1 一般的な特性

　交通事故に関連する子どもの特徴として第一に考えなければならないことは，衝動性などの感情面である（Sandels, 1975）。特に，幼少期の頃は，注意を引く何かがあればそれに気を取られ，いわゆる一点集中の状態となりやすい。また，脳の発達をみても，不適切な行動を抑制する前頭前皮質は青年期においても未成熟であり，危険なことにスリルを感じる大脳辺縁系の活動を抑制できないことが報告されている（例えば，Godding et al., 2014）。さらに，ある対象に注意を維持することが困難であり，同じ子どもでも日によって行動が変わり，個人内の変動が大きいことが報告されている（Sandels, 1975）。感情面については個人差も見られ，学校内で発生した事故を対象とした調査によると，情緒的に不安定な子どもほど傷害が多いという（宇留野・山田, 1963）。

　このような子どもの衝動性や情緒の不安定性は飛び出しや安全不確認といった交通事故を誘発する行動の原因となるため，この特徴に配慮した教育が重要となり，1-5節に記した発達段階に応じた取り組みが必要となってくる。すなわち，小学校中学年以前の子どもでは感情自体をコントロールすることが困難なため，例えば，飛び出しや安全不確認が生じやすい具体的な場面を想定して，不適切な行動が生じた際に直接行動を修正する訓練（大谷他, 2013；図2-1）

・低学年と高学年同士のレクリエーションの時間に交通安全教育を実施した。
・低学年には予め交通安全教育を実施することは言わずに，高学年と「ボールの取り合い競争」をすることを伝えた。
・ボールをとるために低学年が飛び出したら（写真），車がいた場合の危険性などについて質問し，同じ場面で飛び出さないように訓練した。

図2-1　飛び出し状況を想定した訓練（大谷他, 2013）

表 2-1 ピアジェの提案した認知発達の段階

段階	時期	内容
感覚運動期	0-2歳	感覚や運動を通して，目的と手段の関係ができるようになる（例，オモチャをとるために手を伸ばして触る，など）。
前操作期	2-6・7歳	言語機能を通して頭の中のイメージが発達する。 ただし，見た目の印象に捕われ，操作ができない（例，「眼の前に車がいないから危なくない」と感じる，など）。 また，自己中心的で他者の視点を取ることができない。 さらに，物の表面的特性（例えば，形）が変わっても，性質が変わらないこと（保存）を理解できない。
具体的操作期	6・7-11・12歳	直感や見かけの印象で判断するのではなく，具体的な範囲内で論理的に推論・判断ができるようになる。 また，保存の概念ができ，自己中心的な観点から脱却する（脱中心化，例えば，「自分の眼には見えないが，物陰に車がいるかもしれない」と考える，など）。
形式的操作期	11歳以上	具体的な事柄から離れた仮説演繹的な推理や命題的推理ができる（例，「もしカーブが急であれば車は曲がることができないかもしれない」と考える，など）。

や，保護者や地域住民などによる日常からの訓練を繰り返すことで，横断前には必ず止まることを「習慣づける」ことがきわめて重要な教育となる。また，同じ衝動性に焦点を当てた交通安全教育でも，子どもの成長にともなって教育手法を変える必要があり，自分自身の感情とうまくつきあうための主体的な教育が必要となってくる。例えば，小川（2009）は，高校生を対象にして，イライラ感などの感情に対する自己コントロールに焦点を当てた注目すべき教育を実施している。この教育では，3年間に亘って年1回の特別授業として，保護者と喧嘩した場面などを想定して，その際の感情をコントロールする方略（深呼吸をする，など）を小集団討論で主体的に高校生に考えさせている。

次に，子どもの認知[1]発達特性に着目すると，この領域について総合的に研究を行ったピアジェ（Piaget；小嶋・森下，2004）によると，子どもの認知は表2-1のように発達するという。ピアジェの主張に対しては，調査に用いた課題自体が子どもにとって新奇的であり，慣れた課題を用いた場合には，ピアジェが想定したよりも早い経過で発達が進展するといった批判がなされている。この批判は米国の心理学者を中心に展開されており，ピアジェの理論に対する「アメリカ的問い」と呼ばれている。

認知の発達過程に関する議論はいまだ解決をみないが（林・竹内，1994），ピアジェの理論は，子どもの成長過程に応じて体系的な交通安全教育を実践する上で有益な視点を与えてくれる。すなわち，子どもの認知発達の観点から体系的な交通安全教育を考えてみると，具体的な操作[2]で物事を理解する段階では，通学路などの特定の交通場面の中で適切な行動を繰り返し訓練し，抽象的な操作ができるようになると，論理的推論や判断をもとに，例えば，「見通しの悪いカーブなどの危険な交通場面」や「内輪差などの車の構造を考えた場合の危険」を小集団で討論することで，主体的に考えることのできる連続性を兼ね備えた教育カリキュラムを構築できる（大谷，2012；図2-2）。

---

1) 認知とは，外界からの情報を取り入れて，考えて理解する心理的過程である。
2) ここでの「操作」とは，外的事象を内部に取り込みそれを相互に関係づけて，体系にまとめる心的活動（例えば，つぼみを見て花を想像する，など）のことである。

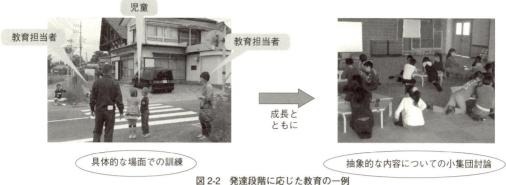

図 2-2 発達段階に応じた教育の一例

2-2 知覚・運動特性

　子どもの認知の中で，特に，知覚（見たり聴いたりすること）や運動の特性に着目すると，視覚では視野が狭く，幼少期の子どもでは視機能が完全に発達していないことが報告されている（Sandels, 1975；Vinje, 1981）。この点から，顔と眼を前後左右に動かして，視野の真ん中（中心視）で危険な対象物の存在を適切に捉えることが安全確認の大きな鍵となる。

　日本では，校庭や体育館に特定の交通場面を設定し，止まって周囲を確認するといった行動の取得を試みる訓練が，幼少期の子どもを対象にして実施される場合が多い。ところで，このような訓練によって，子どもは実際に何を習得しているのであろうか。大人が見守る社会的圧力のかかる学習状況下で，止まって周囲を確認する訓練を受けた子ども（小学校第 1 学年）の行動について調査したところ，眼を右左後ろに向ける回数は増加するが（図 2-3（a）），いずれかの方向に眼を向けて確認している時間（一回の停留時間）には，訓練前後に大きな変化が認めらないことが示された（Ohtani et al., 2015；図 2-3（b））。車が接近しているか否かを判断するために，子どもでは約 2 秒以上の時間を必要とするといった報告（David et al., 1990）や，大人でも近くから遠くを見るための眼の焦点調節に約 0.6 秒を要することを考えると，この調査で子どもが示した一回の停留時間では，周囲の状況を十分に把握しているとは言い難く，顔は動かすがしっかり確認していない様子がみて取れる。

　上記のような子どもの振る舞いは，「行動の自動化」の結果であるといえる。行動の自動化とは，初めは意識していても，同じ動作を繰り返している内に考えなくてもその行動ができるようになることである。ピアノの演奏などを例にとると，初めは譜面を追って「ドの後にミを弾く」と考えながら指を動かしていたのが，練習とともに，考えなくても指を動かすことがで

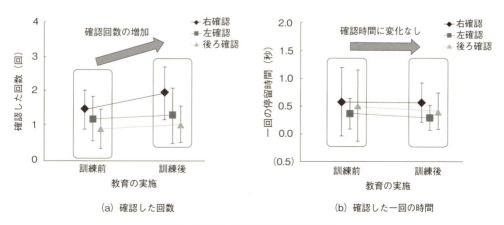

(a) 確認した回数　　　　　　　　(b) 確認した一回の時間

図 2-3 訓練による子どもの確認行動の特徴

図 2-4 見る対象物を使った訓練

きるようになれば、それは行動が自動化されたことになる。先の子どもの確認行動に関する結果について考えると、確認行動を繰り返し訓練することで、顔を動かすといった行動が（悪い意味で）自動化され、それが正しいと認識してしまい、車がいないことを確認するという本来の目的が失われてしまった可能性がある。子どもが適切な行動を取得するためには繰り返しの訓練が重要であることを 2-1 節に記したが、行動の自動化により、車がいないことを確認するといった本来の目的が失われていないかをチェックしつつ、教育を実施することがきわめて重要となる。例えば、道路の確認方法を子どもに教える場合には、実際に見る対象物を設けて（Ohtani et al., 2015；図 2-4）、「右左後ろに何か存在したか」などを問いかけて、確認行動が自動化されていないかを評価することが、適切な横断方法の訓練を実施する上で有効な目安となる。

次に、車の接近に関する認知について、ある地点に車が到達するまでの時間を判断するように求められた場合、12 歳くらいで大人と同じように評価するようになると報告されている（Hoffmann et al., 1980）。また、車の接近を知る手がかりは、学齢によって表 2-2 のように異なる（小林他, 1971）。

車の接近のタイミングを学習する手法として、模擬道路課題（Pretended road task：PRT）と呼ばれる訓練法が提案されており、長期間の効果は認められないものの、テスト場面での横断成績（車の接近と自分自身が渡るタイミングに関する成績）が適切に変容したと報告されている（Demetre et al., 1993）。PRT は実際に車を走行させるため、自動車教習所などが所有するコースや専門のインストラクターがいれば実施可能な手法である。また、横断のタイミングや知覚と運動の協応（例えば、見ながら横断する）などは擬似的な環境では訓練が困難な場合が多く、実際の具体的な交通場面の中で繰り返し学習することが重要となる。この点からも、先述の英国のカーブクラフトなどの例にみられるように、保護者や地域住民による日常からの訓練が必要となる（大谷, 2013）。

表 2-2 車の接近の判断手がかり（小林他, 1971）

児童の学齢	判断の手がかり
低学年	速度よりも車の位置や距離を手掛かりとして車の接近を判断する。
第 3 学年	ある程度速度を手掛かりにして判断する。
第 6 学年	ほぼ 100% の児童が速度を手がかりとして車の接近を判断する。

2-3 危険知覚

子どもの危険の感じ方（危険知覚）について，9歳以下では，大きな車などの眼に見える目立った対象物（顕在的危険）が存在する交通状況では危険を大きく評価するのに対し，車が隠れているかもしれない見通しの悪い交差点などの潜在的危険は，相対的に小さく評価することが報告されている（例えば，Ampofo-Boateng & Thomson, 1991；蓮花, 2001；大谷, 2010；図2-5）。

このような子どもの危険知覚の特徴に配慮すると，危険に関する認識が変化する時期を対象にして，危険マップを作成することを目標とした学習（小川, 2007）や，歩いている時に遭遇する様々な状況や行動に関する教育（蓮花・国府田, 2003）を実施することで，危ない状況に対するより深い理解を促進できると考えられる。さらに，潜在的な危険への認識が乏しい時期の子どもに対しては，遮蔽物やカーブで見通しが悪くなっている道路を対象にして，その見え方を具体的に体験するなどの教育が重要といえる（前掲図1-3参照）。これに加えて，1-2節のリスク低減の考え方から，小さい子どもは潜在的危険の理解が困難なことをふまえて，見通しの悪い箇所をできる限り通学路に含めないことや，見通しの悪い地点で立哨を行うなどの対応もあわせて必要となってくる。

大人になると，左折巻き込み事故などのように交通法規を遵守していても交通事故になる事例を知っているが，子どもはこの点をどのように認識しているであろうか。斉藤（1975）は，自分が交通法規を守ることと事故に遭うリスクの関係について，以下のような発達がみられると報告している。

①自己の交通法規遵守が絶対の安全を保障するもの（交通法規を守れば大丈夫）とみなす段階（第一段階：6歳以下）。
②自己の交通法規の遵守が絶対安全を保障するとみなすが，具体的にはこれと矛盾する事例を知っている段階（第二段階：7-8歳）。
③自己の交通法規の遵守は必ずしも絶対の安全を保障するものではなく，安全を確保するための手段に過ぎないとみなす段階（第三段階：9歳以上）。

交通事故を未然に防ぐためには，事故のリスクを小さく評価しないことが重要となるが（大谷, 2009），大谷他（2012）は高学年（ここでは，小学校第4学年が対象）同士が事故の原因や対策を小集団討論で継続的に議論した後に，専門家による解説を加えることで，「自分も事故に遭う可能性がある」と認識するようになると報告している。この点から，子どもたち同士のピ

顕在的危険　　　　潜在的危険

図2-5　顕在的危険と潜在的危険の例

ア学習や専門家による解説を加えた継続的な学習が，高学年自身の事故のリスクに関する評価を適切に変容させるために有効と考えられる。

さらに，先述の通り，青年期ではスリルを感じることへの嗜好性が高いため，あえて危険を冒すリスク・テイキング行動が観察されやすい（Jonah, 1986）。子どもがリスク・テイキング行動を敢行しないためには，教育担当者からの言語的指導のみでは効果が小さいと推察され，高学年児童や中学・高校の生徒であれば，自らが主体的に交通事故の低減に向けた取り組みに参加する体制を構築することが有効となる。この点について，蓮花（2013）は，生徒会など自主活動型のグループワークを通して，仲間とともに事故の危険性などを学習し，対策を講じるといった興味深い事例を報告している。また，子どもたち自身が教師役となり他者に適切な道路の横断方法などを教える役割演技法（大谷他, 2011；大谷他, 2012）も，子どもが責任感をもち，リスク・テイキング行動を敢行しないための有効な一手法と考えられる。

2-4　社会的スキルと道徳感

交通社会には様々な人間が存在しており，事故に遭わないためには，他者の行動を予測し適切な対応を取ることが求められる。ここで，他者の行動を予測するには，その人間の視点に立つことが要求される。ある対象について他者の視点から見た状況を理解することを「他者視点取得」という。ピアジェの認知発達理論では，具体的操作期（6・7歳–11・12歳）の時期に他者視点取得が可能になると考えられており，その後の研究では，これよりも早い時期に他者視点取得が可能と指摘されている。また，オランダでは，4歳から12歳対象の教育プログラムの一例として車の死角に関する学習が実施されているが（SWOV, 2009），車の構造などをふまえてドライバーの死角などを子どもに教える場合には，他者視点取得の発達に配慮することが必要となる。この他者視点取得の発達については，玩具で歩行者，見通しの悪い箇所，ドライバー（自動車）などを模擬し，子どもに見通しの悪い地点におけるドライバーの見え方について教育するTable-Top法による訓練も有用である（Fyhri et al., 2004）。

さらに，交通事故の低減とともに快適な交通社会の実現を目指すためには，社会的スキルの取得が求められる。社会的スキルとは，社会の中で他者とともに快適に生活していくために必要な技量であり，他者の気持ちを理解して自分も同じような感情をもつこと（共感）や，役割の取得や他者理解ができる能力（社会的視点取得能力）が必要となる。社会的視点取得能力に関しては，セルマン（Selman, 1976；1980）がその発達をまとめている（表2-3）。

セルマンの考えを参考にすると，他者や社会的視点から様々なものを深く認識するようになるのは8歳以降であり，この時期から，他の交通参加者に配慮した行動を徐々に学習することが可能になると考えられる。このような他者理解に基づいて，交通事故の低減や自他ともに快適な交通社会の実現を目指すための技量を子どもが習得できるようになると思われる。

他者理解に基づく事故の低減について，ドイツでは，交通危険学者ムンシュ（Munsch）がドライバー向けの教育法を考案している（蓮花, 1996）。この訓練法は，写真などを見て，そこに写る他者の①年齢，②意図（次に何をしようとしているか），③注意の方向（どこに注意をしているか）を予測する技量を高めるものであり，年齢（Alter），意図（Absicht），注意（Aufmerksamkeit）のドイツ語頭文字のAをとって3Aトレーニングと呼ばれている。役割などの社会的視点を取得することできる年齢段階では，この3Aトレーニングなどを用いてピア学習や自己学習することで，他者理解に基づく交通安全教育が可能になると考えられる。また，先述の役割演技法（大谷他, 2011）の中で他者に教える体験を通して，事故低減と快適な交通

表2-3 セルマンによる社会的視点取得 (Selman, 1976：1980)

	段階	年齢	内容
レベル0	自己中心的段階	3-5歳	自分と他者の視点を区別することが困難。他者の身体と心理の特性を識別することが困難。
レベル1	主観的段階	6-7歳	自分と他者の視点が異なることに気づくが，これらを同時に関連付けることが困難。他者の意図と行動を区別することができるが，表面的行動から感情を推測する傾向あり（泣いていると悲しい，など）。
レベル2	二人称相応的段階	8-11歳	他者視点から自分の考えや行動を内省可能。他者も同様のことができると理解。外から見られる自分と自分の知る内面の2つの存在を理解。人間同士の関係の中で，他者の内省を正しく認識することの限界を理解。
レベル3	三人称的段階	12-14歳	第三者的視点を取得。第三者の観点から，自分と他者の視点や相互作用を考えることが可能。
レベル4	一般化された段階	15-18歳	様々な視点が存在する状況の中で自分の視点を理解。暗黙の了解の意味を認識。

社会の実現に必要な社会的視点を取得する能力を育成することも可能である。さらに，社会的視点の取得が可能な時期には，自他の行動を観察して，自分の行動や能力を客観的に振り返るミラーリング法（太田，1999）を適用することも可能になる。

次に，子どもの道徳性の発達に着目すると，コールバーグ（Kohlberg, 1976）は，発達初期では，ある行為に対して罰や褒美が与えられることでその行為の善悪を決定しているが，その後，他者に良いと認められる行為が正しい行為と認識されるようになり，さらに，規則に従うことが良い行為と判断されるようになると指摘している。また，その後の発達として，規則は固定的なものではなく，社会契約に基づき行為することが正しいことと判断され，最終的には，良心に則った行為が正しい行為と認識されるようになる（表2-4）。道徳性の発達は，適切な行動や不適切な行動（例えば，飛び出しなど）を子どもが遂行した場合に，何に基づいて助言・

表2-4 コールバーグによる道徳性の発達 (Kohlberg, 1976)

レベル	段階		内容
慣習的水準以前	第一段階	罰と服従への志向	罰の回避と力への絶対的服従に重きを置き，罰や褒められることといった行為の結果が，その行為の善悪を決定する。
	第二段階	道具主義的な相対主義志向	正しい行為とは，自分自身または自己と他者の相互の欲求や利益を満たすものとして捉えられる。具体的な物や行為の交換に際して，公正さが問題とされるが，単に物理的な相互の有用性という点から考えられる。
慣習的水準	第三段階	対人同調的，「良い子」志向	良い行為とは，他者を喜ばせたり助けたりすることであり，他者に良いと認められる行為である。多数意見や一般的な行為について紋切り型のイメージに従うことが多い。行為はその動機によって判断されることが多く，初めて「善意」が重要となる。
	第四段階	「法と秩序」志向	正しい行為とは，社会的権威や定められた規則を尊重してそれに従うこと，既に存在している社会秩序を維持する。
自律的，原理化された水準	第五段階	社会契約的な法律志向	規則は固定的で権威により押し付けられるものではなく，本来自分のためにあり，変更可能なものとして理解される。社会には様々な価値観や見解が存在することを認めた上で，正しいこととは，社会契約に基づき行為することと考える。
	第六段階	普遍的な倫理的原理の志向	良心に則った行為が正しい行為と考える。倫理的原理に従って，何が正しいかを判断する。この原理に則って，法を超えて行為することができるようになる。

指導するかを考える際に参考となる。すなわち，幼少期では，飛び出しといった行動に対して，言語的な賞罰（例えば，飛び出しが観察された場合に，「止まれ」の指示，など）を与えることが有用である一方，成長するとともに，規則の重要性や子どもの良心に則って，適切な行動と不適切な行動に関する理解を深めること（例えば，飛び出しに対して，交通法規の点から解説すること，など）が重要となってくる。

アサーショントレーニング（爽やかな自己主張のための訓練）や感情のコントロールなどの社会的スキルトレーニング（Social skill training：SST）は，学校現場で既に取り入れられており，これらの訓練を実施する具体的な題材として，交通社会の様々な問題を用いることも可能と考えられる。

2-5　文化，世代，地域による差

ピアジェの認知発達理論に対するアメリカ的問いは，「思考の領域特殊性」[3]によって説明される場合が多い。すなわち，子どもにとって課題が新奇的か否かによって，ある課題を解決するための能力の発達速度が異なる。

ある課題が子どもにとって新奇的かどうかは文化により異なり，例えば，日本ではお馴染みのお箸で食べ物をつまむといった知覚－運動能力の発達では，日本と欧州諸国の子どもでは異なる特徴を示すと容易に想像ができ，これまで本章で示してきた発達の傾向は文化の影響を受けることに注意しなければならない。また，先進国などで実施されている知能検査の得点が世代の進展にともない上昇するという「フリン効果」と呼ばれている現象（Flynn, 1987）を考えると，発達における世代の影響も配慮すべきである。さらに，文化や世代に加えて，地域差が知能検査の得点に作用するとの研究例もみられる（江川, 1958）。

文化，世代，地域による差が子どもの成長に影響を及ぼすことは，発達段階に応じた体系的な交通安全教育を実施する際には，これらの要因に配慮すべきことを物語っている。専門家が保育園や学校などを訪問して，子どもの交通安全を担当する場合には，その土地やその時の文化，世代，地域などの差を知ることが不可能な場合が多い。したがって，専門家が教育を担当する場合には，普段から子どもと接している保育士や教員，さらには，保護者などと情報交換を行い，今ここに存在する子どもの特徴や雰囲気に合わせた教育を実施するなどのきめ細やかな対応がきわめて重要となる。

2-6　まとめ

本章では，子どもの発達的特徴の一部を示し，それに応じた教育内容や手法の一例を紹介した。先述した教育内容や手法を，9・10歳を境にまとめると，図2-6のようになる。ここで，9・10歳を目安にしたのは，日本の子どもの場合，この年齢以降で抽象的思考が可能になり，危険知覚能力（蓮花, 2001；大谷, 2010）や社会性の発達の変化が見られるようになり，「9・10歳の節」（心理科学研究会, 2009）と呼ばれるクリティカルな時期と考えられるからである。高学年児童向けの交通安全教育は一般的に手薄な現状にある（小川, 2007）が，図2-6に示したように，高学年以降に取得すべき内容や利用できる手法は様々であり，今後幅広く実施されることが期待される。また，発達段階に応じた交通安全教育の内容などについては他にも提案されて

3）一見抽象的にみえる課題を遂行している場合でも，特定の経験領域の特殊性により思考は影響を受けること。

第 2 章　子どもの発達と交通安全教育　21

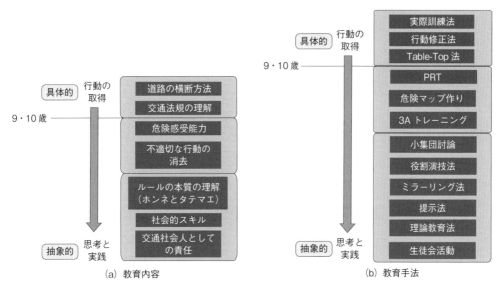

(a) 教育内容　　　(b) 教育手法

図 2-6　発達段階に応じた交通安全教育の内容と手法の一例

注）文化，世代，地域による差を考慮して，今ここに生きる子どもの特徴に応じて教育の内容や手法を選択することが必要となる。

注）9・10歳の境は発達の特徴から推定した目安である。

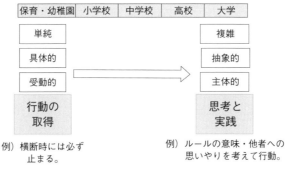

図 2-7　発達段階に応じた教育プログラムの体系化の考え方の一例

おり（西山，1993；神作，2005），これらの資料も参照されたい。例えば，西山（1993）は，交通社会人にとって必要な情操の教育は保育園や幼稚園時代に実施されるべきと提案している。

　これらの発達段階に応じた交通安全教育の内容と手法は，1-4節に記したように，ある考え方（図 2-7）に基づいて体系的に実施される必要があるが，文化などの差に配慮して実施されることが望まれる。したがって，普段から子どもと接する機会の多い保護者や保育士，教員などの「見る目」が重要となることはいうまでもなく，関係者同士の協力が一人の子どもの命を救うことになる。

【引用・参考文献】

Ampofo-Boateng, K., & Thomson, J. A.　1991　Children's perception of safety and danger on the road. *British Journal of Psychology*, **82**, 487-505.

David, S. S. J., Foot, H. C., & Chapman, A. J.　1990　Children's sensitivity to traffic hazard in peripheral vision. *Applied Cognitive Psychology*, **4**, 471-484.

Demetre, J. D., Lee, D. N., Grieve, R., Pitcairn, T. K., Ampofo-Boateng, K., & Thomson, J. A.　1993　Young children's learning on road-crossing simulation. *The British Journal of Educational Psychology*, **56**, 349-359.

江川　亮　1958　鈴木・ビネー知能検査の地域差による検討―都市と農村の児童の知的発達の比較を中心として　教育心理学研究, **6**(1), 28-40.

Flynn, J. R.　1987　Massive gains in 14 nations: What IQ tests really measure. *Psychological Bulletin*, **101**, 171-191.

Fyhri, A., Bjornskau, T., & Ulleberg, P.　2004　Traffic education for children with a tabletop model. *Transportation Research Part F*, **62**, 197-204.

林　昭志・竹内謙彰　1994　幼児に他者視点取得は可能か？　教育心理学研究, **42**(2), 129-137.

Goddings, A. L., Dumontheil, I., & Blankemore, S. J.　2014　The relationship between pubertal status and neural activity during risky decision-making in male adolescents. *Journal of Adolescent Health*, **54**(2), 84-85.

Hoffmann, E. R., Payne, A., & Prescott, S.　1980　Children's estimates of vehicle approach times. *Human factors*, **22**(2), 235-240.

Jonah, B. A.　1986　Accident risk and risk-taking behavior among younger drivers. *Accident Analysis and Prevention*, **18**, 255-271.

神作　博　2005　応用心理学　放送大学教材　(財)放送大学教育振興会.

小林　実・上領貞子・星　忠通・布留川武雄　1971　学童の速度判断について　科学警察研究所報告交通編, **12**(1), 33-37.

Kohlberg, L.　1976 Moral stages and moralization. In Lickona, T. (ed.), *Moral development and behavior*. New York: Holt.

小嶋秀夫・森下正康　2004　児童心理学への招待〔改訂版〕―学童期の発達と生活　梅本堯夫・大山　正（監修）　新心理学ライブラリ3　サイエンス社.

西山　啓　1993　学校等教育機関における交通安全教育を考える―必要とされる理念と計画性　IATSS Review, **19**, 24-33.

小川和久　2007　児童を対象とした交通安全教育プログラム―「危険箇所マップづくり」の評価研究　IATSS Review, **32**(4), 299-308.

小川和久　2009　安全教育とライフスキル―情動への対処の学習が生徒のストレス感と自己効力感に及ぼす効果　安全教育学研究, **9**(1), 15-29.

大谷　亮　2009　道路周辺環境がドライバーの危険度評価と運転行動との関係に及ぼす影響―運転シミュレータに見通しの良い道路と住宅街を模擬した実験から　交通心理学研究, **25**(1), 1-12.

大谷　亮　2010　児童の学齢段階別のリスク知覚の特性に関する検討　日本応用心理学会第77回大会発表論文集, 98.

大谷　亮　2012　子どもを対象にした交通安全教育の実践と理論―安全教育の体系化と普及促進を目指して　交通心理学研究, **28**(1), 49-55.

大谷　亮　2013　児童の交通安全教育参加に伴う保護者の態度変容　日本応用心理学会第81回大会発表論文集, 50.

大谷　亮・橋本　博・小林　隆・岡田和未・岡野玲子　2011　高学年児童を対象にした継続的な安全教育の有用性―集団討論と役割演技法による児童の態度と行動変容　日本交通心理学会第76回大会発表論文集, 59-62.

大谷　亮・橋本　博・小林　隆・岡野玲子・岡田和未　2013　交通安全生涯教育プログラムの開発―高学年児童を核にした生涯教育手法の構築と普及促進　平成25年度（本報告）公益財団法人タカタ財団

大谷　亮・橋本　博・岡田和未・小林　隆・岡野玲子　2012　児童の交通安全のための実践的・継続的手法とその効果―横断行動の認識を促進させるアプローチ　交通心理学研究, **28**(1), 8-21.

Ohtani, A., Hashimoto, H., Okada, K., Kobayashi, T., & Okano, R.　2015　Road safety education for lower-grade children of primary school: Children's crossing behavior after Japanese common training. *JARI Research Journal*, 1-4.

太田博雄　1999　フィンランド交通安全教育の動向―自己評価能力訓練の方法と可能性　交通心理学研究, **15**(1), 23-27.

蓮花一己　1996　交通危険学―運転者教育と無事故運転のために　啓正社

蓮花一己　2001　交通における子どものハザード知覚　帝塚山大学人文科学部紀要, **8**, 13-28.

蓮花一己・国府田美幸　2003　小学校への教室内交通教育プログラム『あやとりぃ』の効果測定研究　応用心理学研究, **28**(2), 100-111.

蓮花一己　2013　子どもから高齢者までの自転車利用者の心理行動特性を踏まえた安全対策の研究（Ⅲ）　公益財団法人国際交通安全学会報告書

斉藤良子　1975　子どもの交通規則に対する意識の発達　科学警察研究所報告交通編, **16**(1), 26-33.

Sandels, S. 1975 *Children in traffic*. J. Hartley(ed), London: Elek.
Selman, R. L. 1976 Social-cognitive understanding. In T. Lickona(ed), *Moral development and behavior : Theory, research, and social isuues*, New York: Holt, Rinehart and Winston, pp. 299–316.
Selman, R. L. 1980 *The grouth of interpersonal understanding: Developmental and clinical analyses*. New York: Academic Press.
心理科学研究会編　2009　小学生の生活と心の発達　福村出版
SWOV　2009　*Traffic education of children 4-12 years old*. SWOV Fact sheet.
宇留野藤雄・山田麗子　1963　事故多発児の特性について　科学警察研究所報告交通編, **4**(1), 30-41.
Vinje, M. P. 1982 Children as pedestrians: Abilities and limitation. *Accident Analysis and Prevention*, **13**(3), 225–240.

第3章　学校安全の観点から見た交通安全教育の課題と方向性

3-1　学校安全と交通安全教育

3-1-1　学校安全の3領域・3活動

　近年，子どもの安全に対する社会の関心は非常に高く，とりわけ学校での安全管理・安全教育に関してはいっそうの充実化が求められており，交通安全教育もその例外ではない。そこで第3章では，学校安全という文脈から交通安全の問題を議論することにする。

　学校安全とは，「生活安全（防犯を含む）」「交通安全」「災害安全（防災と同義）」の3領域から構成される管理と教育の活動である（文部科学省, 2010）。各領域で扱われる活動はそれぞれ異なり，例えば，生活安全には，学校生活上の事故や怪我の防止，ならびに不審者対策などの防犯活動が含まれ，交通安全では通学時の交通事故防止のための活動が行われる。災害安全では，主に自然災害に対する防災管理と防災教育の活動が取り扱われる。

　3領域の学校安全は一体で推進されることが求められており，交通安全の活動のみが単独で位置づけられるものではない。なぜなら，3領域は相互に連動し補完する関係にあるからだ。私たちの日々の生活場面は，3領域と複雑に関連し組み合わさった連続体であるため，領域毎に分割して個々に深く検討することも重要だが，全体を俯瞰して総合的に判断する視点も必要となる。例えば，通学は，犯罪・交通事故・自然災害のリスクが潜む場面の連続体だとみなすこともできる。もし3領域の活動に偏りがあると，事件・事故・災害のリスクを包括的に管理できなくなる（小川, 2013a）。地震津波災害が想定されているのに，交通安全のみに取り組んでいる，あるいは，通学中の自転車事故が多発しているのに，防災活動だけに専念しているというのであれば，それは合理的なリスク管理の姿だとはいえない。

　学校安全の具体的な活動は，主に「安全教育」と「安全管理」，そしてこの2つの活動を円滑に進めるための「組織活動」から構成されている（文部科学省, 2010）。これら3つの活動においても，相互の連動性は存在する。例えば，交通安全教育を効果的かつ円滑に推進しようとすると，地域や家庭との連携を促す組織活動が必要となるし，通学路の安全を推進するには，安全教育だけでなく，通学路の変更や集団登下校の検討など，安全管理の視点が求められること

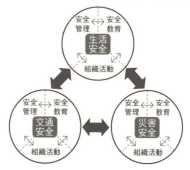

図3-1　学校安全の3領域・3活動

になる。

まとめると，図3-1に示すように，交通安全教育とは，学校安全の組み合わせ「3領域×3活動」の中の一つの活動であり，領域間・活動間の連動性の中で推進されるものとして位置づけられている。

3-1-2 法的な背景

教育現場で学校安全を推進することの法的な根拠は，2009年4月に施行された「学校保健安全法」にある。同法第27条において，「学校においては，児童生徒等の安全の確保を図るため，当該学校の施設および設備の安全点検，児童生徒等に対する通学を含めた学校生活その他の日常生活における安全に関する指導，職員の研修その他学校における安全に関する事項について計画を策定し，これを実施しなければならない」と明文化されており，施設内の安全管理，児童生徒などへの教育指導，教職員に対する研修，年間指導計画の策定など，学校安全の主要な活動がここに謳われている。

交通安全教育に関して言及するならば，年間指導計画を策定し交通安全教育を実施するなど，学校は，通学および生活上の交通安全に関して指導責任を負う。ただし，通学中に交通事故が起きた場合，それは一般公道で発生するため，また交通事故には事故当事者がいるため，学校側が直接的に交通事故の管理責任を負う根拠はない[1]。後述するような通学路の安全確保を巡る安全管理の議論は，交通安全対策基本法第24条第1項「指定行政機関の長は，交通安全基本計画に基づき，その所掌事務に関し，毎年度，交通安全業務計画を作成しなければならない」および第2項[2]の規定に基づく。このことを背景に，文部科学省は交通安全業務計画を作成し，都道府県教育委員会を通して市町村教育委員会および学校に対し，通学通園路の設定や安全点検など，安全な道路交通環境づくりの施策を計画的に推進するよう求めている。

3-2 通学路の安全推進と交通安全教育

3-2-1 通学路の安全推進とは

東日本大震災発災後間もない2012年に，登下校中の児童に走行車両が突っ込むという悲惨な事故が相次いで発生した。これを受けて，通学中の児童生徒に対する交通安全対策をより強固に推進するため，同年5月に，3省庁（文部科学省・国土交通省・警察庁）連携のもと，通学路の緊急合同点検が始まった。教育委員会，道路管理者，警察などの関係機関が協力関係を構築し，通学路の危険箇所を抽出し，対策を立案，実施，評価するという取り組みが全国で展開されることになった。

その後，通学路に関わる主要な取り組みは，文部科学省の学校安全推進事業の一つ「通学路安全推進事業」[3]に平成25年度から引き継がれている。この事業の主な内容は，(1) 都道府県教育委員会に，学校教育関係者，道路管理者，警察，学識経験者などの構成員からなる通学路安全推進委員会を設置すること，(2) 都道府県教育委員会は，「通学路安全対策アドバイザー」[4]を

---

1) 災害共済給付という観点からは，通学中の交通事故は学校管理下の及ぶ範囲内の災害として規定されている。独立行政法人日本スポーツ振興センター法施行令第5条第2項において，学校の管理下の規定の中に「児童生徒等が通常の経路及び方法により通学する場合」が挙げられている。
2) 第2項「交通安全業務計画は，次の各号に掲げる事項について定めるものとする。1 交通の安全に関し，当該年度において指定行政機関が講ずべき施策，2 前号に掲げるもののほか，都道府県の区域における陸上交通の安全に関し，当該年度において指定地方行政機関及び都道府県が講ずべき施策に関する計画の作成の基準となるべき事項」
3) 平成27年度からは，学校安全3領域の安全教育を統合した「防災教育を中心とした実践的安全教育総合支援事業」として展開されている。

市町村教育委員会に派遣すること，(3) 市町村教育委員会は，通学路安全対策アドバイザーを含め，教育委員会，学校，道路管理者，警察，PTA，地域住民から構成される連絡協議会と合同点検を開催すること，(4) 通学路安全対策アドバイザーの協力により，学校において効果的な交通安全教育を実施することである。事業の最終的なねらいは，関係機関の連携協力に基づき，「道路交通環境の改善」と「効果的な交通安全教育の実践」を実現することにある。

3-2-2 道路交通環境を改善することとは

筆者も県教育委員会が実施した事業に関わり通学路安全対策アドバイザーとして，実際に合同点検や教育実践に携わる機会があった。この現場経験を通してあらためて実感したことは，サンデルス（Sandels, 1975）による「現存の道路環境に子どもが適応することを当てにするのではなく，子どもの行動特性に道路環境を適合させることが最善の方法となる」という環境に対する見解と，「幼い子どもを交通環境に完全に適応させることは不可能である。子どもは発達的な制約条件があるため，交通状況がもたらす様々な要件に対処できないからだ。しかし，私たちは可能な限り最善の交通安全教育を，早期の段階から子どもたちに提供しなければならないし，提供することができる」という教育に対する見解である。

前者の環境改善に言及した見解は，まさしく現在の通学路問題に大いに関係する。子どもの認知行動特性から判断して，あまりにもリスクの高い環境が，点検によって数多く見出されたからだ。図3-2の写真は，実際に視察対象となった高リスク環境の例である。「歩車分離が不十分」「走行車両のスピードが速い」「横断時に大型車両と交錯する」といった条件を有する危険箇所は全国に数限りなく存在しており，このような場所で仮に事故が発生した場合，その死亡・重傷のリスクは非常に大きなものになる。

子どもは認知発達上の制約を受けているために，例えば，「速度の知覚判断が難しい」「見えない危険に対する感受性が弱い」「複雑な交通の流れに対する注意配分が難しい」など，道路交通環境への適応が十分な状態ではない。したがって，健常な成人よりも事故リスクが高いということになる。また，制御系の脳機能の発達が不十分であり，そのときどきの動機や感情に行動が支配されがちだということも，飛び出しによる事故リスクを高めてしまっている。子どもの認知発達や行動特性の特徴を十分に考慮した上で，環境改善の方を教育よりも優先させるというサンデルスの考え方は合理的であり，この文脈で昨今の通学路問題に言及すると，子どもの認知行動特性に環境を如何に適合させるかという工学的デザインの技術発展について議論せざるをえなくなる（小川, 2014）。

写真左：路側帯が狭く歩車分離が不十分であるにも関わらず，側方を車が高速で通過する
写真右：信号交差点の横断時に，右左折の大型車両と交錯する

図3-2 高リスクの通学環境の例

4）通学路の安全点検，対策の立案，交通安全教育の実践に関して協力と助言を担う。

3-2-3 効果的な交通安全教育を実践するためには

子どもの未発達な適応力を考えれば，道路交通環境の改善が何よりも優先されるべきであり，教育は不要だという考え方ができないわけでもない。しかし，サンデルスは一方で教育の必要性を説いている。この点についてデメトレ（Demetre, 1997）は，ヴィゴツキー（Vygotsky, 1978）が提唱した「最近接領域（Zone of Proximal Development）」という概念を用いて，以下のように，サンデルスの主張を支持している。

子どもは発達的な問題から，自発的に到達できる水準に制約を有しているが，周囲の大人からの働きかけを通して学習が導かれることにより，自発的に到達できる水準が変化して，成長の余地が生まれるというのがヴィゴツキーの考え方である。そして，この余地のことを「最近接領域」という。

何も教育しなくても，ある水準までは，子どもたちが自発的に適応力を身につけるかもしれない。しかし，道路交通環境には特有のリスクがあり，指導的な学習がなければ，適切な発達が期待できないものがある。例えば，幼児や低学年児童は，死角の危険に対する感受性が弱い。そのため，教育的な働きかけがなければ，死角に対する危険回避の行動が未発達のまま成長することになる。

死角に対する認知と他者の出現予測は，現時点での発達水準と，次に到達すべき水準との間にある成長の余地，すなわち最近接領域に対応するのではないだろうか。次の段階でどのような発達の経路を辿っていくのか，その道筋を示す必要があり，現時点での発達水準に先行して，学習を導くことが鍵となる。デメトレは，死角状況で適切な横断行動が実行できるようになるまでには，視点獲得（死角状況の予測，他者の出現予測，複眼的な認知など）の学習を経る必要があるということを論じている。

交通安全教育では，環境に潜む交通事故のリスクを客観的に理解し，具体的な適応力を発達させていくことが，第一に達成されるべき教育目標となる。そのためには，子どもたちの発達段階を考慮した上で，現時点から次に到達されるだろう能力発達の道筋を，教える側がしっかりと頭に描き，具体的なカリキュラムとして反映させていくことが重要となる。

3-3 交通安全教育は「能力開発」である

近年，交通心理学および学校安全の分野で議論されてきたことは，安全教育における「能力開発」の視点である。リスク対応に必要な能力を定義して，それを効果的・効率的に身につけるためのカリキュラムを構築するという考え方が主流になりつつある。

例えば，ケスキネン（Keskinen, 1996）が提唱した階層的アプローチ理論では，安全な交通行動の実行には，4つの技能の習得が必要だと指摘されている。その4つの技能とは，図3-3に示すように，「車両操作技能の基本」「交通状況への適応技能」「行動計画の技能」「社会生活の技能」である。技能の階層性という考え方は，運転者教育のあり方を巡る長年の議論から生まれてきたものではあるが，子どもへの交通安全教育を想定した場合にも十分に適用可能だと考え，図3-3の右欄に，子どもを対象とした場合の学習内容を例示した。

「車両操作技能の基本（第Ⅰ層）」を「交通行動の基本」と読み替えると，道路利用の決まり事（歩行者は右側通行，信号機の見方など）や自転車運転の基本（自転車は左側通行，バランス走行など）から学習が始まり，次に，危険予測や危険回避など「交通状況への適応技能（第Ⅱ層）」へと学習が発展するという，いわゆる学習経験の設計図がみえてくる。さらには，目的地までの安全な移動に必要な「行動計画の技能（第Ⅲ層）」を習得し，自己コントロールや安全

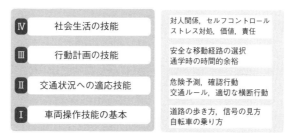

図3-3 階層的アプローチ理論：安全な交通行動の実行に必要となる技能
ケスキネン（Keskinen, 1996）によるモデルに筆者が一部を加筆

動機など社会的行動に必要な「社会生活の技能（第Ⅳ層）」を身につけるという，学習の積み上げの道筋をこの理論は示唆する。

　いずれの層の技能も，安全な交通行動の実行に必要なものであり，教育訓練により，その習得が求められるのではあるが，上位層の技能は，下位層の技能に対して支配的な機能を有するという特徴がある。例えば，「毎朝，時間に余裕をもたずに出発する」「時間的な焦りから，歩行者の側を自転車ですり抜ける」「幼い子どもの目前で信号を無視する」などの行為は，行動計画の技能と社会生活の技能が未形成であるがゆえに引き起こされる不安全行動である。上位層の技能が欠落していると，危険予測などの下位層の技能が身についていたとしても，速度超過，一時不停止，信号無視が誘発されてしまう。教育訓練の場において，4つの技能がバランスよく発展的に学習されるよう，カリキュラムを構成することが重要となる。

　能力開発という視点は，「学校安全の推進に関する計画（文部科学省, 2012）」においても，重要なキーワードになっている。安全に関する教育の充実方策に関連して，「学校に求められる役割として第一に挙げられるのは，各教科，道徳，特別活動，総合的な学習の時間など学校の教育活動全体において行われる総合的な安全教育によって，児童生徒等自身に安全を守るための能力を身につけさせることである」という記述がある。

　具体的には，表3-1に示された能力を児童生徒の発達段階に応じて育むことを求めている。適切な意思決定や行動選択，さらには，安全行動を自らの力で実行できる能力について言及しており，また，自らの行動が社会や他者に与える影響を考えるなど，市民性の視点も指摘されている。図3-3で取り上げた階層的アプローチ理論と大きく矛盾するものではなく，個々のリスク環境への適応から，社会や他者との関わりを考慮するという点において，むしろ両者は相補的な関係にあると考えられる。

表3-1 児童生徒等自身に求められる安全のための能力
（「学校安全の推進に関する計画（文部科学省, 2012, p.6）」より）

ⅰ）	日常生活における事件・事故，自然災害などの現状，原因及び防止方法について理解を深め，現在や将来に直面する安全の課題に対して，的確な思考・判断に基づく適切な意思決定や行動選択ができるようにすること
ⅱ）	日常生活の中に潜む様々な危険を予測し，自他の安全に配慮して安全な行動をとるとともに，自ら危険な環境を改善できるようにすること
ⅲ）	自他の生命を尊重し，安全で安心な社会づくりの重要性を認識して，学校，家庭及び地域社会の安全活動に進んで参加し，貢献できるようにすること

3-4 交通安全教育の推進に関わる課題と展望

効果的な安全教育が学校現場で広く普及しない原因として，子どもの主体性を重視した教育実践の難しさと，発達段階を考慮した系統的カリキュラムの構築の難しさが挙げられる（小川，2015）。そこで，この問題に対する解決の方向性を以下に議論する。

3-4-1 子どもの主体性を重視した教育

児童生徒などが身につけるべき能力を具体的に育むためには，教育手法の改善が必須である。交通安全教育の手法として一般的に用いられている「教え込む」指導では，子どもたちが主体的に考える教育を実現することは難しい。昨今，学校安全の推進の中で頻繁に登場するキーワードは「主体性」である。「主体的に行動する態度の育成」「主体的に考える教育」など，子どもたち自らが考えて行動する能力が強く求められている。

前述の「学校安全の推進に関する計画」においても，教育の充実方策として，教育手法の改善が指摘されている。単に講話を聞くことに留まらず，知識や態度を定着させて，行動に反映させるための有効な教育手法が必要だという指摘である。交通安全教育に関しては，「児童生徒等に対する自転車の安全教育について，特に，中学生・高校生が加害者となる自転車事故が課題となってきており，今後は，例えば自らの自転車の乗り方が安全なのかを理解できるような，自己理解，自己評価型の教育を進める必要がある（文部科学省，2012）」という記述もある。

特に，中高生の自転車走行については，「歩行者の側方を勢いよくすり抜けていく」「左右確認が不十分なまま交差点を通過する」など，その危険な走り方が大きな社会問題となっている。これに関連して，他者の自転車走行の姿を観察して，自己の行動の姿を振り返るという「他者観察法」を用いた自転車教育を行うと，生徒が安全確認の重要性を意識するようになったという効果が報告されており（小川，2013b），主体的に考える教育を実現するためには，自己理解，自己評価は一つの切り口となり得る可能性がある。

年少の子どもを対象とした教育であっても，主体的に考える教育が道路横断の技能をより安全なものにするという効果が報告されている（Thomson et al., 1992）。自ら考えて基本原理（死角の危険性，視界を確保する方法など）を理解することによって応用力が増し，その結果，様々な交通状況に対応できる力が身につくというのがトムソンらの考え方である。

しかし，具体的に，子どもの主体性を重視した教育を実践しようとすると，発問の仕方や子どもたちとのやり取りが問題となる。相手に学習の主体を預けるために，想定外の答えが返ってきたり，期待通りの反応がなかったりすることが起き，筋書き通りに授業を運ぶことができなくなる場合がある。ここに方法論上の難しさがある。

道筋はいろいろあっても，ある方向に向かって思考を導いていく，例えば，コーチングのような指導スタイルが求められているのかもしれない。オープン・クエスチョン[5]と傾聴の技法を駆使して，学習者の成長を支援するという指導スタイルは，学校教育全般に求められている能動的な学習方法「アクティブ・ラーニング」にも応用可能である。安全教育に限らず，他の教科でも必要となる指導方法だということを踏まえ，研修などの機会を通して，教える側の指導力の向上が求められている。

---

5) 「どのような危険が考えられるか」「何を確認するのか」というように，いわゆる5W1Hの疑問詞をつけた発問スタイルを意味する。回答が限定されない開かれた質問であるため，学習者から様々な意見や考えが提案される。学習者の主体性や気づきを重視した教育場面で用いられることが多い。

3-4-2　系統的なカリキュラムの構築

　学校現場では，年間指導計画を策定し，その指導計画に基づいて交通安全教育が実施される。その際，児童生徒の発達段階を考慮して学習経験の積み上げを設計する必要があり，これが系統的カリキュラムを構築するという作業になる。しかし，現状では，交通安全教育の確立したカリキュラムは存在せず，まだ試行錯誤の段階にある。指導時間の確保，他教科との関連性，子どもの認知思考の発達，関係機関との連携などを考慮する必要があり，複雑なパズルを解くような難しさがあり，このカリキュラム構築は非常に悩ましい問題でもある。

　この問題を解決するために，比較的完成度の高い授業計画を基軸にして，関連する学習内容を一つずつつなげていくというやり方を提案したい。例えば，交通安全マップづくりは，自分たちの日頃の経験が意識されるため，子どもたちの関心度が高い。これを基軸にして，危険予測，危険回避，自転車教育など，関連する学習内容をつなげていくと，比較的無理なく学習経験が積み上げられていく可能性がある。まずは，子どもたちが関心をもって取り組んでくれる，あるいは積極的な取り組み姿勢が得られる授業を，一つでも多く作ることから始めてみてはどうであろうか。

　主体的に考える教育を実現するためには，課題に積極的に取り組もうとする子どもたちの姿勢が必要となる。基軸となる授業を通して，学習動機や学習態度の基盤が形成されれば，次にくる課題への取り組みがスムーズに展開されるであろう。中核に据える学習内容を何にすべきかをしっかりと吟味して，関連する学習内容を一つずつ継ぎ足していくというカリキュラムづくりの方法が，現場で普及することを望みたい。

【引用・参考文献】

Demetre, J. D.　1997　Applying developmental psychology to children's road safety: problems and prospects. *Journal of Applied Developmental Psychology*, **18**, 263-270.

Keskinen, E.　1996　Why do young drivers have more accidents? *Junge Fahrer und Fahrerinnen*. Referate der Esten Interdiziplinären Fachkonferenz 12-14. Dezember 1994 in Köln. (in English) Berichte der Bundesanstalt für Straßenwesen. Mensch und Sicherheit, Heft M 52.

文部科学省　2010　「生きる力」をはぐくむ学校での安全教育

文部科学省　2012　学校安全の推進に関する計画

小川和久　2013a　震災と教育―学校安全の課題と方向性を考える　教師教育研究, **26**, 15-21.

小川和久　2013b　高校生の自己理解に基づく自転車教育　交通科学研究会平成25年度学術研究発表会講演論文集, 21-22.

小川和久　2014　子どもや高齢者を基準に「交通安全」をデザインする―人の心理と行動に焦点を当てて　*IATSS Review*, **39**, 146.

小川和久　2015　マップづくりを基軸にした交通安全教育の方法論　交通安全教育, **587**, 6-23.

Sandels, S.　1975　*Children in traffic*. J. Hartley (ed), London: Elek.

Thomson, J. A., Ampofo-boateng, K., Pitcairn, T., Grieve, R., Lee, D. N., & Demetre, J. D.　1992　Behavioural group training of children to find safe routes to cross the road. *British Journal of Educational Psychology*, **62**, 173-183.

Vygotsky, L. S.　1978　*Mind in society: The development of higher psychological processes*. Cambridge, MA: Harvard University Press.

第4章　教育担当者について

　第3章までは，効果的な交通安全教育を実践する上での基本的な考え方について記した。子どもが適切な態度や行動を習得するためには，これらの基本的な考え方を実践する教育担当者の役割が重要となる。本章では，教育担当者に求められる心構えについて概説し，担当者がさらなる専門性を習得するための資格制度について紹介する。

4-1　教育担当者に求められるもの

　教育担当者に求められる心構えとして，以下の点が挙げられる。

4-1-1　信頼されること

　子どもに何かを教える時には，教育担当者が子どもから信頼される特性をもっていなければならない。すなわち，教育担当者と子どもがお互いを信用し頼りにする信頼関係が構築されないと，適切な教育を遂行することはできない。しかしながら，「信頼を得るにはこれがあれば良い」という絶対的なものがないのが難しい点である。小川保麿は『養育往来』の中で，「試行錯誤の連続が子育てであり，誠のこころで向き合え」と述べている（小泉，2007）が，「安全第一」や「子どものために」といった信念のもと自信をもって接すれば，子どもから信頼を得られると考えられる。

4-1-2　正しい見本となること

　先に記した事故対策の5Eの中に，模倣・事例対策（Example）があった。心理学者バンデューラは，学習は人間が直接経験することで成立するだけではなく，他者の行動を観察することで間接的に学習が成立する場合があると指摘し，これを観察学習と呼んだ。観察学習の観点から，教育担当者が普段から正しい行動や姿勢を子どもに見せて見本になることが重要となる。

4-1-3　臨機応変に対応できること

　子どもが安全や他者との関わり方に関することを主体的に学習するために，教育担当者は指示を与えるのではなくサポーターとして振る舞い，子どもの自主性に任せることが重要である。一方で，飛び出しなどの危険な行動を子どもが敢行すれば，自主性に任せるのではなく，適切な指導を行うことが必要となる。このように，子どもの主体性を重んじる場合と，一方的な指導が重要になる場合が状況によって異なるため，教育担当者に臨機応変な対応が求められる。

4-1-4　総合的に見ること

　子どもに対して臨機応変に対応するには，子どもと担当者自身の関係，その子どもの特徴，

置かれている立場や状況などを総合的に見て教育を実施することが必要となる。総合的な見方をとるためには，客観的観点から冷静に状況を判断して教育を実施することが重要になる。

また，交通安全教育を専門的観点から体系的・組織的に計画・実施するのには，上記の4-1-1から4-1-4に加えて，次のような点が教育担当者に求められる。

4-1-5　交通安全に関する専門性（特に，心理学的視点からのものを有すること）

子どもの交通安全教育を効果的かつ組織的に実施するためには，1章から3章に示した内容を含めて，交通安全に関する専門的な知識を必要とする。特に，交通事故の原因の多くが人的要因であること，さらには，教育は人と人との関係の上で成立することから考えると，心理学全般に関する基本的な知識を有することが望まれる。

4-1-6　交通安全に関する情報収集が可能なこと

4-1-5の専門性を高めるためには，交通安全の有識者から様々な知識を得られるようにすることが望まれる。また，地域や社会によって交通状況や環境が異なっていることを考えると，それに応じて教育すべき内容や方法を変えることが重要となり，関係者との綿密な情報交換が必要になる。

4-1-7　時間性と経済性の感覚を有すること

子どもの交通安全教育などの実践活動を行うに当たっては，時間性と経済性を考慮すべきである（神作, 2005）。時間性についてみると，教育現場では交通安全に関する時間を確保することが困難な場合が多い。しかしながら，教育活動は十分な時間が必要であることを認識することが重要である。また，社会の状況に応じて，重要な問題は困難な場合であっても，適宜取り組みを計画・実施して，即時解決が求められる。

経済性については，資源（資金と人員）を考慮しなければ，教育活動の実施や継続性そのものが不可能となってしまい，期待した効果が得られないことになる。交通安全教育を実施するのには，高価な機器や道具は必ずしも必要ではなく，例え最低限度の資源であっても，担当者の専門性と創意工夫により，子どもの態度や行動を適切に変化させることができよう。

4-1-8　総合的観点からの計画と実行力を有すること

以上の4-1-1から4-1-7の要点をふまえて，総合的に交通安全教育を計画また実施する能力が教育担当者に求められる。例えば，時間性の観点から考えると，保育園や学校が多忙な状況を理解して取り組みの計画と実施を行うことが重要となるが，子どもの理解を促進するために限られた時間で何ができるのかを，発達段階などを参考にして計画できる能力が求められる。また，交通安全教育に多くの時間が割り当てられたとしても，無計画に多くの内容を盛り込むのではなく，子どもの注意の持続時間を考慮して休憩を入れることや，教える内容のストーリーを考えて，例えば，①子どもの学習の動機づけを高めるための内容とラポール[1]の形成，②問題提起，③実際の訓練や学習，④まとめ，などといったように，内容間に関連をもたせて計画を立て実施する技量が必要となる。

---

[1] 教育担当者と子どもが相互に信頼し合い，安心して自由に行動や感情の表出ができる関係が成立している状態。

4-2 交通安全教育のための資格制度

4-1節に記した交通安全教育に関する専門性の習得を目指し，同じ立場の人間と広く情報交換ができる場と機会を有するものとして，例えば，交通心理士の資格制度がある。

交通心理士とは，日本交通心理学会が認定する資格制度であり，専門性のレベルに合わせて，主幹総合交通心理士，主任交通心理士，交通心理士，交通心理士補の4段階からなる。また，年1回全国大会が開催され，3地区（「関東・東北・北海道」「中部・近畿」「中国・四国・九州」）でイベントが開催されており，関係者間の情報交換の場となっている。

交通心理士補になるためには，学会が定める認定試験に合格する必要があるが，試験科目は交通心理士が最低限取得すべき知見・技術の内容を示している。これらの内容は，①心理学の基礎，②テスト論，③交通カウンセリング，④臨床心理学，⑤交通心理学（Ⅰ），⑥交通心理学（Ⅱ），⑦交通発達心理学，⑧教育心理学，⑨交通社会心理学などを中心としている。

ここで，交通心理士に求められる要件として，以下の点が挙げられる（神作，2014）。

①人間心理・行動についての基本的知見を有し，それを交通安全の実際に活用できること。
②人間に関する「情報を理解する手法」を有しており，それを駆使して交通安全活動ができること。
③運転者などへの適切かつ円滑な対人接触ができること。
④交通カウンセラーとして運転者およびその関係者などの悩み，迷い，苦しみに共感し，情緒的対応が可能となること，など。

子どもの交通安全教育の実務を担当する人の中で，交通心理士の資格を有する者はまだ十分ではないのが現状である。

専門性の習得と様々な情報交換にとって重要な人間関係づくりのために，交通心理士の資格を希望される方は，以下のホームページを参照されたい。

【交通心理士に関するホームページ】
http://jatp-web.jp

【引用・参考文献】
神作　博　2005　応用心理学　放送大学教材（財）放送大学教育振興会
神作　博　2014　心理学と交通安全—交通心理士制度の概要から　そんぽ予防時報, **258**, 24-29.
小泉吉永　2007　江戸の子育て十か条—善悪は四歳から教えなさい　柏書房

第 2 部　実践編

	実施の課題	教育の効果
	2・3	1

[事例1] ももたろうクラブ

目　　標	幼児が見通しの悪い交差点を横断する際，自分と車両運転者との見え方の違いを体験的に学習し，安全に横断する方法を習得することを目標とした。
対 象 者	年中組と年長組の約30名が参加。
担 当 者	市役所の指導員2名，保護者5名，保育士4名の計11名。
場　　所	天候および気温によって保育室および園庭で実施。
所要時間	60分（保育時間内の15:00-16:00に実施）。

【方　　法】

・保育室内で指導員からの挨拶の後，全員で交通安全のポイントが示された「ももたろうクラブのうた」を歌い，幼児を対象とした以下の交通安全教育が実施された。

①危険予測の体験（指導員：約5分）：机の上に傾斜をつけて透明な筒を設置し，その中にボールを入れ，筒の出口で幼児がボールを落とさないようにキャッチする体験学習を行った。最初の試行では筒の上に暗幕を被せてボールが見えない状況で実施し，見えていないと受け止めることが困難であることを体験させた。次の試行では暗幕を取り，移動するボールが見える状態で実施した。安全のためには，見ることが大切であることを体験的に学習させた（図1）。

②危険予測クイズ（指導員：約8分）：廊下を走る子どもの前方右側に靴の先が見えている絵を提示し，この先どうなるのかを予測させた。次に交通場面でも同様に歩道を走る子どもの右側に車の前方部分が見えている絵を提示した。

③死角の確認（指導員・保育士：約8分）：幼児の横にL字型のパーテーションで左右に死角を作り，段ボールで製作した自動車を左右に各1台配置した。横断者役の幼児にどこまで出たら自動車を確認できるのかを回答させた。横断者は立候補した1人のみで他の幼児は見学させた。

④見通しの悪い箇所の横断練習（指導員・保育士・保護者：約15分）：死角の確認ができたら2組に分かれ，見通しの悪い交差点での横断練習を2人1組で体験させた。横断する前に自動車を確認できる所まで出てきて，右手を挙げて横断した。その時に右側の停止車両を見て横断するのではなく「運転手さんの目を見て横断する」ように指導した。さらにセンターラインまで進んだら，視線を左側に移し，左側からの車両に注意しながら横断させた（図2）。

⑤保護者主体のお楽しみ（約10分）：今回の担当となった保護者から手作りの折り紙（手裏剣）が渡され，みんなで遊んだ。

⑥全員でのお約束（約5分）：今回のテーマにそって，道路には「とびだしません」を大きな声で約束して終了した。

図1　危険予測の体験風景

図2　見通しの悪い道路の横断練習

【実施の結果】

　本事例の効果については実証的なデータは存在しないが，非常に有効な教育であるといえる。筆者の所感を以下に示す。

・危険予測の体験は，導入教育としての意味があり，子どもの好奇心に働きかけることができると考えられる。

・危険予測クイズは，廊下という馴染みのある場所から交通場面に置き換えることにより，幼児は理解しやすくなる。

- 死角の確認では，横断者役の幼児と見学者では見えていると思う範囲に差が生じ，見学者は納得いかない様子であった。新事実を体験することは，態度や行動の変容へと結び付く可能性がある。
- 横断練習は，見通しの悪い環境設定をして保育室で実施されたが，天候によっては園庭で実施している。実際の道路での実践経験を積むことにより，より良い教育となる。
- 保護者が教育実践者として関わっていることに意味がある。子どもを起点とすることにより，家族全員の交通安全意識の向上が期待される。

【解　説】

●実施の容易度
- 本事例は，形式的な交通安全教育ではなく，体験学習を中心に指導員，保育士，保護者が一体となった取り組みといった特徴がある。この点から，健やかな子どもの発達を願う気持ちと安全教育の重要性を理解できている担当者の存在が必要となる。
- 本事例の取り組みは1981年から34年間継続されている。当初は毎月1回実施されていたが，近年になり年間6回になった。その内の3回は保護者全員が参加することになっている。しかし，保護者の長時間勤務や休日取得の困難さなどの理由から，他の保育所で同じ水準の活動を実施するには地域の方々からの理解が重要である。打開策として，本事例をモデル化し，教育担当者の候補となる人材が指導者研修を受けることにより他の地域でも実施可能と考えられる。
- 幼稚園の場合は教育要領に交通安全教育の実施が明文化されているが，保育所の場合は保育指針に交通安全教育の義務が課せられていない。制度により義務化されていない活動が，今後普及していくのかは疑問である。
- 継続して実施するために，H保育園はももたろうクラブ規約を作成し，役員や任期を明確に示している。長く続けるにはシステムの確立が求められる。
- 交通安全教育に積極的に参加する保護者とそうでない保護者が存在することも確かである。参加を希望しない保護者の意識改革が今後の課題である。

●教育の効果
- 本事例では，教育効果について示す客観的なデータは存在していない。しかし，H保育園では卒園児も含めて子どもたちが大きな交通事故に遭ったという話を聞くことはない。
- 効果の検証に当たっては，卒園児の追跡調査が有効となる。長年にわたる教育であるからこそ可能な検証方法である。質問紙調査では，意識調査だけではなく，交通事故に遭った頻度や交通違反歴など年代ごとに回答を求め，卒園児と一般的な値では違いがあるのかなどを調べることが重要となる。特に運転免許取得後の青年期の事故・違反率などは興味深い内容である。この調査から適切な交通行動が維持されたかを確認できると考えられる。
- 幼児は愛着関係のある身近な大人から多くの影響を受けるため，保育士や保護者が教育者として参加することで，教育効果はより高くなると予想される。

（執筆者：山口直範，解説：金光義弘）

[事例２] 人形劇による横断行動の観察学習

目　　標	人形劇の鑑賞を通して，登場人物の行動を観察学習し，横断行動の基本的技能（止まる，見るなど）を習得すること。
対　象　者	低学年と中学年の児童の約30名が参加。
担　当　者	スタッフ6-8名（教員，保護者，ボランティアなど）。
場　　所	体育館や小ホールなどのイベント会場。
所要時間	口パクパペット人形，舞台装置，プロジェクタなど。

【方　　法】

【人形劇のコンセプト】　人形劇を創作するにあたっては，以下のコンセプトをシナリオに反映させる。①人形劇の演題を「安全に渡ろう」とし，道路横断時の危険と安全な横断方法を学習する内容とする。②人形をモデルに，「止まる・左右を見る，手を挙げる」の横断行動を観察学習する。③イベントや行事と関連づけることで，楽しく鑑賞できるようなストーリー展開とする。④子どもたちが実際に利用する横断歩道を，劇中の場面にすることで現実感を促す。

【人形劇のシナリオ】　上述のコンセプトを反映した脚本を作成する。以下のシナリオはクリスマス会での上演例ではあるが，他の行事やイベントであっても，シナリオの一部を書き換えるだけで柔軟に改変できるようになっている。

表1　人形劇のシナリオ

場面	人形劇の風景	指導内容
1		主人公の男の子と女の子が，公園に遊びに来る。公園は道路を挟んだ反対側にあるが，子どもたちは，止まらずに，確認もせずに，道路を走って横断する。その背後を車が猛スピードで通り過ぎるが，本人たちは気づかない。その様子を見ていた老人が思わず「危ない」と叫び，子どもたちを呼び止めて注意する。しかし，二人は人ごとであるかのように，老人の忠告を聞き流す。
2		主人公の二人は，公園でサッカー遊びに夢中になる。そんな中，大きく蹴ったボールが道路へ転がり出た。二人はボールを追いかけて道路へ飛び出したところ，走ってきた車にひかれそうになる。近くで目撃していた先ほどの老人が，すんでの所で車を止めさせて，子どもたちを助ける。その後，子どもたちに正しい道路横断の仕方を指導する。
3		老人が道路横断の手本を示して，主人公の二人がそれをまねる。劇を鑑賞している児童に対して，「一緒にやろう」と司会者が呼びかける。老人が示す「止まる」「右，左，右を見る」「手を挙げる」の動作を観察した後，児童もその動作を模倣する。これが観察学習の場面となる。観察学習の動作は2回繰り返される。
4		主人公の母親が二人を迎えに来て，道路反対側から子どもたちを呼ぶ。今度は，二人は飛び出さずに，「止まって，右，左，右，手を挙げて……」と，老人から教わった正しい道路横断を披露する。二人が成長した姿を見届けた老人は，「では，仕事に戻ろう」とつぶやき，サンタクロース姿に変身し，そりに乗って夜空に去って行く。

図1　実際の横断歩道を舞台背景にする

【人形劇の実施】　児童が日頃利用している公園や横断歩道を劇中の舞台として利用する（図1）。背景のスクリーンに公園や横断歩道の写真を投映して，舞台を切り替えていく。前面の幕，人形，背景スクリーンの順に舞台装置を配置し，奥行きが感じられるような空間を作る。スタッフは，人形を操る者，小道具（車やボール）を操る者，司会者，PC操作者に分かれて役割を分担する。

【実施の結果】

- 事例2で取り上げた人形劇による学習には，社会的学習理論の観察学習（モデリング）の原理が応用されている。観察学習とは，他者の言動を手本として模倣し，その行動様式を身につけることを意味する。事例2は，人形の行動を手本にした観察学習を具体化したものである。実際，鑑賞していた子どもたちは，人形の動作に合わせ，左右確認や手を挙げる動作を模倣しており，人形をモデルとした場合でも観察学習が成立するということが確認された。
- 認知発達が未成熟な園児や低学年児童に対しては，言葉による指導よりも，観察学習による指導を用いる方が，動作の習得が早く効果的である。また，指導する側に高度な専門的知識を必要としないため，一般の人であっても，比較的容易に指導することができる。
- ローテンガッター（Rothengatter, 1984）は，就学前の子ども（4-6歳）を対象に観察学習の原理を用いた道路横断訓練を行い，保護者が指導しても，専門のインストラクターが指導した場合と同程度の訓練効果があったことを実証している（図2）。

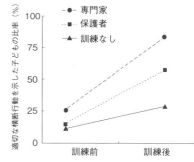

図2 観察学習の原理を応用した訓練の効果（Rothengatter, 1984）

【解　説】

●実施の容易度
- パペット人形などの準備が必要であるが，20分間と短時間で実施できるため，比較的容易に実施可能である。
- 児童に教える内容は，「止まる・左右を見る，手を挙げる」とった基本的な行動であり，児童への伝達の方法を学べば，専門的な知識を要さない。
- 児童に教育内容を伝達するため，担当者間の綿密な打ち合わせが重要となる。

●教育の効果
- 本事例の効果は今のところ検証されていないが，本事例では観察学習の原理を応用しており，これまでの研究から，この原理の有効性が認められている。
- 人形をモデルにした点に，子どもたちの興味を引きつけ，学習動機を高めるための工夫がある。
- 本事例では，「止まる・左右を見る，手を挙げる」といった簡単な具体的な行動に焦点を当てており，児童が理解しやすい内容となっている。
- 児童とともに保護者も参加して本事例の内容を学習し，自らの子どもを日常生活の中で訓練できれば，さらなる効果を発揮できると期待される。

【引用・参考文献】

小川和久・太田博雄・菊池　輝・佐藤三之・片山文雄・中島夏子 2012 児童の交通安全教育を通して学校安全を考える―人形をモデルにした道路横断行動の観察学習　東北工業大学新技術創造研究センター紀要EOS, **25**(1), 115-120.

Rothengatter, T. 1984 A behavioural approach to improving traffic behaviour of young children. *Ergonomics*, **27**(2), 147-160.

（執筆者：小川和久，解説：大谷　亮）

実施の課題	教育の効果
1・2・3・5	2・3・4・5

[事例3] キッズバイククラブ

目　　標	バイクを乗りこなそうとするチャレンジ精神を育成しつつ，乗車体験を通じて将来，安全かつ正しい運転ができる交通参加者へと成長することを目標とした。
対 象 者	小学校1-4年生約20名および保育所年長組の16名が参加。
担 当 者	専門的知識をもつ指導員1-2名，学童保育指導員2名の計3-4名。
場　　所	河川敷や私有地のダートおよびアスファルト舗装の平地で実施。
所要時間	約90分（幼児は保護者と本人の希望で保育外活動として，学童はクラブ活動の1つとして，ともに土曜日の午前中に実施）。

【方　法】

・毎回，大きな声での挨拶，体操，正しい装備品の着用，コースの確認から活動が始まる。本事例では幼児と学童の2つの活動を紹介するが，各々の活動のカリキュラム内容や場所は発達に応じて異なるものである。

①幼児の内容：ストライダー（ペダルのない二輪車）で二輪車の感覚を養った後に50ccのオートバイ（2ストロークエンジン，ATミッションだがスクーターではない）に乗車し，ブレーキ練習，スロットル操作，カーブ走行，8の字走行，パイロン走行の練習を習熟度に応じて実施した。

②学童の内容：自分でキックペダルを踏み込んでエンジンを始動し，前後のブレーキ，スロットル操作などの基本練習を実施した後に直線走行，カーブ走行，8の字走行，パイロン走行，コース走行を実施した。使用したオートバイは50ccだが幼児用とは違い4ストロークエンジン，4速ロータリーミッションの本格的な車両である。以下に学童の練習内容を詳細に示す。

(1)ブレーキ練習（約10分）：エンジン停止状態で乗車し，後方より指導員が車体を押してブレーキ操作を練習した。右手がフロント，右足がリアに配置されたブレーキ操作を習得しないとエンジンを始動した走行には移行しない。

(2)スロットル操作練習（約5分）：エンジンを始動し，スタンドを立てニュートラルでスロットル操作の練習をする。始めの内はスロットルの開閉の加減がわからなくすぐ全開にしてしまったが，指導により微妙な調整ができるようになった。

(3)走行練習（約50分）：エンジンを始動しての発進と停止の繰り返しを完全に覚えてから，直線走行，カーブ走行，パイロンスラローム走行，8の字走行などの基本走行を実施し，その後，ショートおよびロングコース走行へと移行した（図1）。コースには一時停止や徐行区間が設置された。走行中の学童は，転倒者に気がつけば救助に向かっていたが，指導員からの指示ではなく自分で判断した行動であった（図2）。

図1　常に先を読んだ目線の習得

図2　転倒者を救助する学童たち

【実施の結果】

　本事例の実証的な効果は，以下の報告がある。
・矢藤・杉本（2013）は，オートバイ走行の経験が日常生活に良い影響を与えていることを報告している。「子どもの行動に関する基礎調査表」を用い，担任保育士により日常生活の変化を評定した結果，訓練前後では14項目中12項目に変化が認められた。また，発達障害の傾向を指摘されている子どもの注意力や自己制御能力の改善が報告されている。

・山口（2006）は，交通行動や向社会性への影響を報告している。参加学童と乗車経験のない学童にヘルメットなどの安全装備について26項目の質問紙調査を実施した結果，12項目において差が認められ，参加学童の方が望ましい回答をしていた。乗車経験が安全装備の重要性の認識を高めたと考えられる。また，保護者の評価では，子どもが自転車に乗る時にわき見が減少し，安全確認をするようになったと指摘された。さらに，保護者自身も子どもの影響を受け，安全運転に努めるようになる二次的効果も報告された。

【解　説】

●実施の容易度

本事例を他の保育所や学童保育で実施する際の課題を以下に示す。

・場所の確保：適した施設や場所が見つかっても，オートバイ利用を許可されるか，トイレの有無などが問題となる。我が国のオートバイへの認識は，3ナイ運動の影響が今も残り，危険なものとして捉えられる傾向がある。

・教材の確保：使用車両は，1台約20万円するために運営資金が高額になる。また，参加者の個人負担となるが，学童の安全装備（ヘルメットやプロテクターなど）を購入する必要がある。

・指導員の確保：豊富な知識と経験を持ち合わせた上で論理的な指導ができる人材が不足している。指導員はライディング技術の教示ができるだけでなく，交通教育者であり，広義の保育者・教育者でなければならない。

●教育の効果

・本事例は知識の教示だけではなく，実体験を通して自分で安全を考え，身体運動と共に学んでいく効果的な教育であると考えられる。

・統計的に教育効果が明らかにされているが，事例数が少ないことが課題である。今後，1箇所だけの調査ではなく，同様の活動が行われている団体と連携して共通の調査を実施することで，上記の問題を解決する必要がある。

・オートバイの使用により，子どもたちは自転車では得ることのできない操作感，緊張感，スピード感から，交通安全をより実感することができる。

・低速ではあるが，転倒によるすり傷など軽微な負傷は避けられない問題である。多少の怪我をしてでも，生命の尊さを学ぶことが大切であることを保護者や地域の教育委員会などに理解してもらわなければ普及させることは困難と予想される。現状では，オートバイに対して理解ある一部の保護者とその子どもたちの活動に留まっている。

【引用・参考文献】

山口直範　2006　オートバイを使用した体験型早期交通教育の試み　追手門学院大学心理学論集, **14**, 35-42.

矢藤優子・杉本五十洋　2013　保育園年長児におけるオートバイを使用した教育実践に関する実証的研究　立命館文学, **636**（尾田政臣教授退職記念論集）, 1065-1057.

（執筆者：山口直範，解説：向井希宏）

実施の課題	教育の効果
2	3・4

［事例4］ 交通安全マップづくり

目　標	通学路および校区内の危険箇所に関して情報を共有すること。現実の危険状況を理解し，危険箇所での安全な横断（通行）の仕方について具体的にイメージできるようになること。
対象者	小学高学年の児童。クラス単位（約30名）で実施する。 5-6名の班に分かれて，グループ作業でマップを作成する。
担当者	教員1名，サポーター2-4名（教員，保護者，ボランティアなど）。
場　所	教室（電子黒板など，動画を提示できる機器装置が必要）。
所要時間	本時の指導時間45分。
教材などの準備	校区の地図（宿題用にA4サイズ，グループ作業用にA1サイズの地図），カラーラベル（赤●シール），付箋，危険箇所の動画。

【方　法】

【事前指導】　マップづくりの授業を行う数日前に宿題用の地図を手渡す。危険箇所だと思う場所に印を付けて，どのように危ないのか，簡単にメモ書きするよう指示する（ただし，事故防止のため，危険箇所の現場へ下調べに行く必要はない）。

【本時の指導】

《導　入》事故統計データを提示し，交通事故による子ども（15歳以下）の死傷者数の多さを理解してもらう。1年間の死傷者数をクラスの人数で比較した割合を提示することで（例えば，「このクラスの約千倍の人数の子どもたちが毎年交通事故でけがをしている」），数字の大きさを実感してもらう。

《展　開》①授業のねらい（(a) 校区の危険箇所に関して，みんなで情報共有すること，(b) 危険箇所を安全に通行するための具体的な方法を考えること）を説明する。
②マップづくりの手順を説明する。宿題用の地図を持ち寄り，各自が印した危険箇所を，グループ作業用の大きな地図に転記していく。危険箇所をカラーラベルで印していくとともに，具体的な危険状況を付箋にメモ書きして貼っていく（図1）。情報共有のため，どこがどのように危ないのかについて，教え合いながら作業を進めるように指示する。
③グループでのマップが完成した後，各班から危険箇所を2箇所程度取り上げて，どこがどのように危ないのかについて発表する。そのことにより，クラス全体で情報を共有する。
④校区の交通環境の特徴を代表するような危険箇所を2-3箇所選定して，具体的な危険状況を撮影した動画を提示する（図1）。その際，次にどのような危険が起きるかなど，危険予測を行いながら動画を提示する。また，どうすれば安全に横断（通行）できるか，具体的な危険回避の方法を考えるように指導する。

図1　グループによるマップづくり（上）と危険予測訓練で用いる動画の例（下）

《まとめ》校区の危険箇所の特徴を3点程度にまとめる（例えば，(1) 見通しの悪い交差点が多い，(2) ……）。また，「止まる・見る・確かめる」をキーワードに，事故に関わらないための具体的な行動をイメージできるように指導する（例えば，「どこで止まると安全か」「何をどのタイミングで見ると良いか」）。

【事後指導】各班が作成したマップは，1-2週間，教室に掲示しておく。休憩時間などに，児童同士あるいは教員と児童との間で，マップを介したさらなる情報交換が行われるように日常指導を行う。

表1　本時の指導スケジュール

項　目	所要時間	指導内容
導　入	3分	交通事故が多発していることと，努力により事故を防ぐことができることを知る。
展　開	2分	マップづくりのねらいと，作業手順を理解する。
	20分	グループ用地図に危険箇所を印していくとともに，グループ内で情報共有する。
	8分	代表的な危険箇所の状況について発表し，クラス内で情報共有する。
	10分	動画を見ることで，具体的な危険状況を理解し，危険予測と危険回避を学ぶ。
まとめ	2分	校区の危険箇所について要点をつかみ，具体的な安全行動をイメージする。

【実施の結果】

・教育の前後で,児童が印す危険箇所の個数を比較した(図2)。教育前は,2～3箇所程度の危険箇所を指摘する児童が多かったが,教育後は3～5箇所へ頻度のピークが移行した。児童一人当たりの個数に換算すると,平均4.47箇所から5.76箇所に増えたことになり,児童がより多くの危険箇所を意識したことになる。マップづくりを通した情報共有によるものだと解釈できる。

・教育前に既に多くの危険箇所を意識していた児童とそうでない児童に分けて,それぞれの群の変化を分析した結果を図3に示す。危険箇所の報告数が少なかった児童が,教育後に個数を大きく増やしていることが分かった。交通安全マップづくりとは,意識の格差が広がる教育ではなく,すべての児童の意識が向上するような教育手法であるということが示唆される。

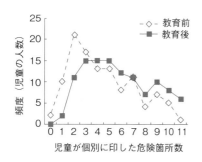

図2 児童が印す危険箇所の個数の変化

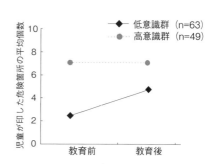

図3 どの児童が危険箇所をより多く意識するようになったか

【解 説】

●実施の容易度
・本事例は特段の施設などを必要とせず,学校現場において容易に実施できる。
・本事例は学習指導案の構成に基づいており,小学校で直ちに実践できる。
・きめ細やかな教育のために,担当者の人数を確保することが重要であるが,保護者や地域のボランティアの協力が得られれば実施可能である。

●教育の効果
・本事例は,児童の危険に対する意識を高める上で有効である。
・学校近隣の危険箇所を対象にしていることや映像を用いることで,具体的な教育が実践できているため,児童の意識や理解を改善できたと考えられる。
・また,クラスの人数を目安にして子どもの交通事故の死傷者数を解説するなどの工夫により,児童の教育への動機づけを高めている。

【引用・参考文献】

小川和久　2007　児童を対象とした交通安全教育プログラム「危険箇所マップづくり」の評価研究　*IATSS Review*, **32**, 299-308.

小川和久　2015　マップづくりを基軸にした交通安全教育の方法論　交通安全教育, **587**, 6-23.

(執筆者:小川和久,解説:大谷　亮)

実施の課題	教育の効果
2・3・4	2・3・4・5

［事例5］役割演技法を用いた高学年向け安全教育

目　標	高学年児童が安全や他者への配慮について主体的に考え，適切な道路の横断方法を遂行できる技量を習得することを目標とした。
対象者	高学年（4年生）約30名と，低学年（1年生）約30名が参加。
担当者	安全に関する専門家5名，保護者2名，教員2名の計9名。
場　所	小学校付近の実際の道路と小学校校門。
所要時間	65分。

【方　法】

- 高学年が教師役となり，低学年に道路の横断方法を教えた（役割演技法）。
- 高学年と低学年が一人ずつペアを組み，「実際の道路」と「小学校校門」の2箇所（図1 (a)・(b)）で道路の横断方法に関する訓練を行った（表1）。
- 低学年に普段の道路横断方法を求め，その横断方法を観察した高学年が，適切だった点を褒め，不適切だった点を低学年に問いかけるようにした（例えば，「横断前に止まった？」，「今，左をみた？」，「走る車はいた？」，など）。
- 高学年には，答えをいうのではなく，低学年が安全な道路の横断方法を考えられるようにサポートすることを求めた。

(a) 実路での訓練風景　　(b) 校門での訓練風景

図1　実施風景

- また，横断方法の訓練の待ち時間には，事前に撮影した学校周辺の交通場面の写真を見ながら，「危険箇所のチェック」と「この箇所での横断方法」を考えるよう児童に求めた（危険感受性訓練）。
- 最後に，児童全員に専門家が適切な道路の横断方法を解説した（まとめ）。
- なお，高学年が教師となるために，本事例の実施前に，5日間（各45分）で交通事故の原因や対策，さらには，低学年への接し方を小集団で討議する学習と，役割演技法実施時のスケジュールと内容を予習する事前学習を行った。
- 事前学習時に，高学年用のマニュアルを配布し，これをもとに，役割演技法当日に，高学年が低学年に適切な道路の横断方法を教えた。主体的な学習を促すため，マニュアルは完全なものを用意せず，高学年が気づいた点を書き込めるようにした。

表1　実施スケジュール

所要時間（分）	1班	2班	3班	4班	5班	6班	7班	8班
15	学習の準備（高学年と低学年のラポール構築）と実施内容の説明							
10	実路	校門	危険感受性訓練		危険感受性訓練		危険感受性訓練	
	移動	移動					
	校門	実路					
10	危険感受性訓練		実路	校門	危険感受性訓練		危険感受性訓練	
		移動	移動				
		校門	実路				
10	危険感受性訓練				実路	校門	危険感受性訓練	
				移動	移動		
				校門	実路		
10	危険感受性訓練				危険感受性訓練		実路	校門
						移動	移動
						校門	実路
10	専門家によるまとめ							

注）一班は4名程度。
　　実路：実路での訓練，　移動：訓練場所の移動，　校門：校門での訓練。

【実施の結果】

・教育前後に実施した実際の道路上での横断行動の観察結果は次の通りである。
行動観察の結果，高学年と低学年とも，教育前では不注意型の横断（飛び出しはないが確認が不適切）が多かったが，教育後では安全型の横断（飛び出しもなく，確認行動も適切）が増加した（図2と図3）。

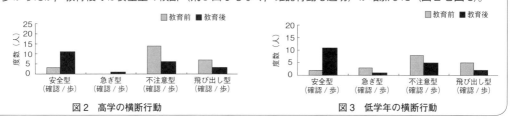

図2　高学年の横断行動　　　　　　　　　図3　低学年の横断行動

【解　　説】

●実施の容易度
・本事例は，高学年が教師役を担当するために，5回（各45分）という比較的長い時間をかけて小集団討論と事前学習を実施している。これだけの時間を教育現場で確保することは困難な場合が多く，実施の効率化が求められる。
・高学年が教師役となることで，教育担当者の人数を増やさなくても，低学年にきめ細やかな訓練を実施することができる。
・教えることが苦手な高学年もおり，低学年に適切な横断方法を伝達できない可能性があるため，最後に，低学年に対して教育担当者による復習（まとめ）が必須となる。
・実路上での訓練のため，校庭に交通場面を設定しなくても実施可能である。
・ただし，実路上での訓練に際して安全確保のための人員が必要となる。本事例では，保護者に安全確保の協力をお願いするなどの工夫を行っている。
・横断の訓練を待っている児童の待機時間を有効に活用するための配慮が必要になる。本事例では，児童を8班に分け，待ち時間の間に，危険感受性訓練を実施するなどの工夫を行っている（表1）。

●教育の効果
・本事例後に，高学年と低学年とも，実際の道路上で適切な横断方法が観察されるようになり，行動変容まで期待できる手法と考えられる。
・高学年は小集団討論と役割演技法による継続的な教育が有効であったとみられ，低学年では，実路上での具体的な訓練が有用であったと考えられる。
・ただし，適切な横断行動がどの程度の期間維持されるかは未検討である。
・アンケート調査の結果，役割演技法を実施することで，「低学年は自分の意見を聴いてくれる」と高学年が認識するようになり，低学年は「高学年が優しく教えてくれた」と回答する人数が多く，この点から，本事例により，高学年は他者への接し方を学習できたと考えられる。
・また，本事例の前に小集団討論を実施することで，自らが交通事故に遭うリスクを高学年は高く評価し，自分自身の横断行動は事故に遭う可能性があると認識するようになった。教師役を演じるための小集団討論で事故の原因や対策について考え，さらには，実際の交通事故の原因について専門家からの解説を受けることで，高学年の事故リスクの認識を適切に変容できる可能性がある。

【引用・参考文献】
大谷　亮他　2012　児童の交通安全のための実践的・継続的教育手法とその効果―横断行動の認識を促進させるアプローチ　交通心理学研究, **28**(1), 8–21.

（執筆者：大谷　亮，解説：山口直範）

実施の課題	教育の効果
3・4	1

[事例6] 社会性（公共マナー）育成の安全教育

目　　標	交通の場での行動のわきまえを不可欠な社会性の一つと考え，主体的な遵法態度や他者配慮能力育成の素地を養うこととした。
対 象 者	小学校4年生。クラス別の通常授業形式で実施。
担 当 者	交通態度育成に携わってきた専門家と，そのスタッフ約6名。
場　　所	小学校教室。
所要時間	1コマ45分間の授業を，期間をおいて各クラス2回ずつ実施。

【方　　法】

・事故防止のための言い聞かせや指導などとは趣きを異にし，望ましい交通行動や態度の基本となる在り方を子どもたち自身に考えてもらうための授業を目指し，「交通マナー授業」という形態をとった。
・対象学年は，小学校教員の意見を参考にして4年生に決定した。
・この種の教育は，本来，家庭や学校での日常的なしつけの中で行われるべきものであり，本授業は，授業や行事が過密な現在の学校教育の現状の下でも実施可能な授業方式として，交通マナーや交通安全にとって不可欠な意識や知識の要点を2回の授業の中に集約するという授業構成を工夫した。
・この授業が目指す教育課題は次の3点である。
　①社会の一員としての自覚と責任感の養成：公共への配慮と他者の権利の尊重，道路や乗り物の公共性についての認識，社会的マナー（公共マナー）などについての理解を促す。
　②規範意識の育成：他者の権利を妨げたり，迷惑を掛けたりすることなく，互いの安全や利便を守るための社会生活上の約束事として規則の意義（スポーツなどでも違反は厳禁，など）を理解させ，望ましいルール観と，それに基づく「主体的な遵法意識」を育む。同時に，交通規則の正確な知識の定着を目指す。
　③危険感受性の向上と，危険を遠ざけ安全を作り出す能力の育成：危険察知と安全を見極める能力，危険を近づけない生活習慣と態度，危険防止のための行動の在り方を考え，実践に結び付ける。

【授業の構成】
《1回目》（公共の場所での気配りと，規則を守ることの必要性）
　①「自分の行動に責任をもつ」，「他人に迷惑をかけないよう配慮する」という2点を公共マナーの基本として提示した上で，公共の場での公私をわきまえぬ身勝手な振る舞いやルール無視などの望ましくない行動が目立つ社会の実情や，「遠慮」や「立場の弁え」などの，従来，日本人が大切にしてきた気遣いを，写真やイラスト（パワーポイントスライド）によって紹介した。その後，道路での譲り合いなど公共の場での様々な場面を想定したロールプレイを児童自身に演じてもらいながら，公共の場での配慮の大切さへの認識を高めた。
　②交通ルールなどの規則が，誰もがわきまえるべき社会生活上の約束事であり，それが守られているかどうかが，世の中の快適さや安全の上で大きな違いとなることを，違反行為の具体例（標識・標示などの無視や自転車の通行をめぐる問題）などをもとに説明した。
　③自動車に乗せてもらう時，電車やバスなどの公共交通機関を利用する時のマナーや，緊急車両や公共交通の通行への協力の仕方などについて，要点を解説し注意を喚起した。

《2回目》（危険に気づく注意深さと危険を遠ざけるための配慮の大切さ）
　①映像教材で示した幾つかの危険場面での安全な行動の在り方などについて子どもたちの意見をもとに議論し，危険に対する感受性の向上を図った。
　②自分から危険を生み出すことなく，あらかじめ危険を遠ざけるようにするための留意点を，駅のホームでの振る舞い方や道路の安全な通行場所，横断場所の選択など様々な交通場面の例示をもとに，意見を交わしながら考えた。
　③危険に気づけることが，他人に迷惑を掛けていないかに気づくことができることにも通じるという視点に立ち，「危険防止」の前に「迷惑防止」という考え方が必要であることを話し聞かせた。
　④自動車の停止距離，運転者の死角，夜間の視認性などについて，図解などを用いて説明し，道路利用者間の気遣いやコミュニケーションの大切さについての理解を深めるようにした。
　⑤安全確認の要点，主な交通規則などを，クイズ形式で復習した。

【実施の結果】

・毎回，授業後に，児童には受講レポート（感想文）の提出を求め，あわせて，担任教諭，校長，教頭，教務主任などの諸先生方にも意見や提言を依頼した。また，可能な限り保護者にも授業に参観しても

[事例6] 社会性（公共マナー）育成の安全教育

らうように依頼し，保護者からの感想・意見も収集に努めた。
・児童の感想文から，子どもたちの多くが授業内容に興味を覚え，マナーやルールについての関心が高まったと思われる。また，教師や保護者からも，事故防止のための交通安全指導ではなく，態度教育，人間教育の要素をもった授業内容だとして，おおむね肯定的な評価が得られた。

【解　説】

●実施の容易度
・本事例は公共マナーといった社会生活に関わる考え方や態度の育成を課題としているため，児童の発達段階を考慮して，具体的かつ論理的に解説できる教育担当者の素養が必要となる。
・また，本事例では，交通道徳観に関する具体例としての気遣いなどを，教育担当者が理解し，自ら実践できることが重要となる。ただし，特別な機材や場所を必要としないため，教育担当者に交通道徳観に関する理念と信念，さらには，発達段階に応じてそれらを児童に適切に伝達できる能力が備わっていれば，交通安全に関する特段の専門知識がなくても実施できる内容となっている。

●教育の効果
・本事例は，普段から子どもと接している教員の意見を参考にして対象学年を決定するなど，専門家と小学校が協力して実施している点が特徴的である。
・また，一方的な言語的指導ではなく，児童の意見を聞くなどして，主体的に学習できるように工夫している。
・本事例の効果に関する客観的なデータはこれまでのところ存在しない。
・また，本事例では，「責任感」，「規範意識」，「危険を感じる能力」などの様々な内容を対象にしているが，児童の発達段階の観点から，これらの項目を理解できているか否かについて配慮する必要がある。
・さらに，上記の様々な内容を2回に分けて実施しているが，授業の導入，展開，終末などのストーリー構成を考えて実施する必要がある。
・本事例では45分間で2回の授業を実施しているが，マナーおよび危険感受能力の習得には，授業後の日常的な指導の継続が必要である。
・日常的な学習を可能にするためには，保護者や地域住民の協力が必要であり，これらの人員への普及が課題となっている。

（執筆者：矢橋　昇，解説：大谷　亮）

実施の課題	教育の効果
1・2・3・4・5	1

［事例7］ 交通公園における小学生対象の交通安全教育

目　標	自動車交通安全センター中央研修所附属交通公園（以下，「交通公園」と記す）で実施される教育では，児童が適切な歩行や自転車乗車を学習し，交通事故に遭わないよう指導することを目的としている。
対象者	小学3年生約60名。
担当者	交通公園の指導員と児童の引率教員。
場　所	自動車交通安全センター中央研修所附属交通公園。
所要時間	約2時間。

【方　法】

- 交通公園の指導員からの挨拶などのオリエンテーションの後，以下の内容が実施された。
  ① 模擬市街地の歩行指導：公園内の模擬市街地を歩きながら，道路の横断，信号機のある交差点・ない交差点，見通しのよい交差点・悪い交差点などで注意事項が指導員より説明された（図1）。
  ② 飛び出しによる衝突事故と内輪差による巻き込み事故の危険の教育：観覧席からのダミーを使った交通事故状況の再現を児童に観察させた。
  ③ 自転車の調整：用意された多くの自転車の中から自分の身体に合った自転車を選択し，サドルの高さを調節させ，ハンドルの具合，ブレーキの効き方，タイヤの空気圧などを確認させた。
  ④ 模擬市街地の走行：公園内の模擬市街地を一定の間隔をおいて順番に一人ずつ走行させ，交差点や踏み切りなどの要所に指導員が立ち，正しい走行ができているかどうか確認し，訓練した（図2）。市街地走行の後，模擬道路わきの空き地に集合し，指導員から児童に対して全体的な講評を行った。
  ⑤ 最後に，再び屋内に戻り，引率の先生からの講評を児童が聞いて，修了証を受け取り閉講した。
- 雨天時には，上記の内容とは別のカリキュラムが構成されており，自転車安全利用五則（1.自転車は車道が原則，歩道は例外，2.車道は左側通行，3.歩道は歩行者優先で，車道寄りを徐行，4.安全ルールを守る（飲酒運転・二人乗り・並進の禁止，夜間はライト点灯，信号を守る，交差点での一時停止と安全確認），5.子どもはヘルメットを着用）の説明などが行われている。
- また，上記の教育を実施する上で指導員は，①ことば遣い，②声の大きさ，③双方向の参加型，④体験型の研修にすることなどの配慮をしている。

図1　模擬市街地での歩行指導

図2　模擬市街地の走行

【実施の結果】

本事例の効果や影響を示す客観的なデータは存在しないが，執筆者の所感を示すと以下の通りである。
- 受講する児童の理解度や実習中の行動の個人差が大きい。
- 研修時間は2時間となっているが，これ以上長時間となると児童が飽き，教育への動機づけが低下する可能性がある。
- 指導員は懇切丁寧な説明を行っている。
- 本事例が活かされるためには，受講した児童の意思と同時に，周囲の大人たちの行動が大きく影響すると考えられる。周囲の大人が自転車安全利用五則などのルールに対して率先して遵法精神を示せば，それを観察していた児童の意識も変化すると考えられる。

【解　説】

◉実施の容易度
- 本事例は全国各地に存在する交通公園を利用しているが，本施設が存在しない地域での実施が困難である。また，近隣に交通公園が存在しても，当該施設までの移動時間と手段の確保などの問題を解決しなければならない。
- 本施設を利用して訓練を行う教育担当者を確保する必要がある。
- 以上の人員や運用面の課題が解決されれば，実際の交通場面を対象にした具体的な訓練が可能になり，抽象的な思考が困難な幼稚園児や低学年児童などに適した教育が可能になると考えられる。

◉教育の効果
- 本事例により，児童の感情，知識，態度，さらには，行動がどのように変化したかを示す客観的なデータは今のところ存在していない。
- 本事例では，様々な内容を2時間の実施の中に取り入れているが，交通事故の危険性を再現して児童に観察させることで安全への動機づけを高めた後に，自転車の調整の仕方や乗り方に関する教育を実施するなど，実施順序に関する工夫がみられる。また，最後に修了証を配布することにより，児童の安全への動機づけを高めて閉講している点も特徴的である。
- ただし，上記の実施内容が，児童の発達段階に適しているか否かを今後検討する必要がある。
- また，執筆者の指摘の通り，児童の理解度や行動には個人差がみられるため，適切な理解や行動の取得が困難な児童に繰り返し教育することが重要となる。さらに，教育実施中の児童の集中力にも配慮することが必要となる。
- ダミーを使った交通事故状況の再現を児童に観察させる教育（スケアード・ストレート）を実施しているが，過度の恐怖心を児童に与えることで，教育の効果が低減しないように配慮する必要がある。
- また，子どもの恐怖心に基づいて，問題となる行動を低減させようとする取り組みの効果に疑問を呈する報告も見られ（Lewis, 1983），今後，これらの取り組みに関する実証的なデータを収集する必要がある。
- 交通公園での実施に際して，教育担当者が，児童への接し方や交通安全に関する知識を習得することが重要であり，これが可能になれば，保護者でも交通公園を利用した効果的な教育が可能になるとみられる。

【引用・参考文献】

Lewis, R. V.　1983　Scared straight-California style: Evaluation of the San Quentin Squires program. *Criminal Justice and Behavior*, **10**, 209-226.

（執筆者：鈴木由紀生，解説：山口直範）

実施の課題	教育の効果
2・3・5	3・4

［事例8］中学年児童対象の自転車安全教育

目　標	自転車乗車時の確認行動の重要性を児童が正しく認識することを目標とした。
対象者	3年生約60名（約30名×2クラス）。
担当者	安全に関する専門家6名，保護者2名，教員2名の計10名。
場　所	小学校校庭。
所要時間	50分。

【方　法】

- 「自転車乗車時の横断方法」と「危険感受性」の訓練をクラス別に実施した。
- 自転車乗車時の横断方法の訓練は，「見通しの悪い交通状況（図1）」と「駐車車両の通過状況（図2）」を各2箇所設置し，1クラスが2班に分かれ，両状況での訓練を個別に行った（表1）。
- 見通しの悪い箇所には模擬走行車両（実際には走行せず）を配置した。
- 児童に普段通りの自転車乗車を求め，その乗車方法を観察した交通安全の専門家が良い点を褒め，不適切な点を児童に問いかけた。観察のポイントは以下の通りであった。
  ①車道に飛び出さず必ず止まっているか。
  ②周囲の確認は見通しの悪い箇所も確実に見ているか。
  ③駐車車両を通過するなど進路を変更する場合には，前後も確認したか。
  ④自転車の前輪が車道にはみ出しすぎないように左右・前後を確認したか。
  ⑤ブレーキは両手で確実に操作したか。
- 危険感受性訓練では，学校周辺の交通場面の写真を事前に撮影して印刷したものを各児童に配布し，「危険箇所のチェック」と「この箇所での横断方法」を考えるように求めた。

図1　見通しの悪い交通状況

図2　駐車車両の通過状況

表1　実施スケジュール

所要時間（分）	1組		2組	
	1班	2班	1班	2班
5	実施内容の説明			
10	見通しの悪い交通状況での訓練	駐車車両の通過状況での訓練	危険感受性訓練	
10	駐車車両の通過状況での訓練	見通しの悪い交通状況での訓練		
10	危険感受性訓練		見通しの悪い交通状況での訓練	駐車車両の通過状況での訓練
10			駐車車両の通過状況での訓練	見通しの悪い交通状況での訓練
5	専門家によるまとめ			

【実施の結果】

教育前後に児童へのアンケート調査を実施した。結果は以下の通りであった。
・教育後に道路横断時の左右確認について、「いつも必要」と回答する児童が増加した（図3）。
・一方、「自分は事故に遭わない（図4の「はい」）」と回答する児童が多く、教育前後に大きな差は見られなかった（図4）。

図3　左右確認は必要か？　　　　図4　交通事故に遭わないと思うか？

【解　説】

●実施の容易度
・1学年60名程度であれば、小学校の約1時限分（45-50分）でも本事例を実施することができる。ただし、児童数が少ない方がきめ細やかな訓練ができる。
・校庭内に見通しの悪い状況や、見通しの悪い地点に存在する車両を設定する必要がある。この点については、例えば、見通しの悪い地点に存在する車両を、車の絵を描いたボード（図2）で代用するなどの工夫が求められる。
・教育担当者は、道路の横断方法に関する知識（道路交通法を含む）をもち、児童への接し方に関するある程度の技量が必要となる。
・横断行動の訓練のために、児童用の自転車を20台程度（4箇所×5台程度）準備する必要がある。また、様々な児童の体格に応じて、大きさの異なる自転車とヘルメットを準備しなければならない。
・児童が自転車の訓練を待っている間の時間を有効活用するための配慮が必要になる。本事例では、待ち時間の間に、危険感受性訓練を実施する工夫を行っている。

●教育の効果
・本事例では、横断時の停止（飛び出しの危険）と確認行動に焦点を絞り訓練を実施しており、左右確認の重要性を容易に理解できると考えられる（図3）。
・また、見通しの悪い地点に模擬走行車両を配置することで、停止して確認する地点や確認に要する時間を具体的に理解できるように配慮されている。
・ただし、事故のリスクに関する児童の認識を適切に変容させるには至っていない（図4）。
・さらに、様々な欲求（例えば、早く家に帰りたい、など）が作用する実路上での児童の自転車乗車時の行動がどのように変容するかについては効果が検証されておらず、行動を適切に変容させる取り組みを考える必要がある。

【引用・参考文献】
大谷　亮他　2012　小学校における自転車安全運転教育の有用性検討─児童の態度および認知の変化について　日本交通心理学会第77回大会発表論文集, 39-42.

（執筆者：大谷　亮, 解説：向井希宏）

	実施の課題	教育の効果
	1・2・4・5	2・3・4・5

[事例9] 中学生による交通安全実践教育：みどりの林檎

目　標	自転車の危険乗車，ヘルメットの強度実験，交通標識クイズ，自動車と人や自転車の衝突実験，などを中学生自らが企画し生徒同士で学び合い，命の大切さを考える。
対象者	中学生全学年生徒約360名。
担当者	中学生徒会役員，専門家（交通心理士）2名，全校教員約20名，保護者約10名。
場　所	中学校校庭。
所要時間	2時間30分（準備期間約1か月間の課外活動）。

【方　法】

①学校長が生徒会に「命の大切さ」と「交通安全」に関するイベントを催してはどうかと提案。
②クラス代表9名がアイデアを持ち寄り代表委員会が集約し，教員とPTAが実施可能性を検討。
③代表委員会はイベントを「命のフェスタ　みどりの林檎」と命名し，実施計画を立案。
④実施日を1学期末の土曜日午前中と決定。実施内容を7つのステージとして整理（表1参照）。
⑤教員とPTAが手分けして各ステージに必要な器材，道具，小物の調達と県警への協力を要請。
⑥ステージ担当生徒が器材の使い方の学習，進行担当生徒は生徒誘導およびナレーションの準備。
⑦一般生徒は交通標識の学習，シンナーなどの危険薬物の知識習得，および小物の調達。
＊⑥と⑦の準備期間は約1か月間であり，課外活動の中で実施（準備に要した時間は1日当たり平均約1時間）。
⑧当日，ステージ担当生徒は各部署につき，一般生徒は全員校庭に集合・整列。
⑨開会式後，ステージ担当生徒以外がスタンプラリー方式で各ステージ（第7ステージを除く）を経験。
⑩開始2時間後に第7ステージの県警白バイ隊員のアクロバット演技の見学。
⑪開始2時間30分後，閉会式。生徒代表，校長およびPTA代表の挨拶，最後に専門家（交通心理士）の講評。

表1「みどりの林檎」の7つのステージ

ステージ	種目の内容
1	自転車乗り体験とヘルメット実験（図1） （自転車の危険とヘルメットの必要性）
2	自転車特性の観察 （車の停止，ダミー人形や自転車との衝突の恐怖）
3	シートベルト効果体験 （衝突や横転時のシートベルトの威力）
4	運転適性検査と視覚機能検査の体験 （運転に必要な諸機能の認識）
5	交通標識当てクイズ（図2） （日常交通場面におけるルールと学習の再認識）
6	薬物防止キャンペーンバスの見学 （青少年を蝕むシンナーや覚醒剤の恐怖）
7	交通警察との触れ合いと交通機動隊アクロバット見学（交通警察の存在感）

図1　西瓜を用いたヘルメット強度実験

図2　交通標識クイズ

【実施の結果】

・教育の前後に生徒の交通安全意識および日常生活規範に関する意識調査を実施した。結果は以下の通りであった。

①ヘルメットやシートベルト着用，安全な自転車運転や信号の遵守などの意識改善がみられた。
②安全教育や警察の取締りなどに対する認識とともに，交通問題への関心が高まった。
③友達や家族との触れ合いの大切さに気づいた。
④校則や未成年の飲酒・喫煙禁止などの規則遵守意識の向上が認められた。
⑤目上の者に対する言葉遣いや物を大切にする態度などのマナーに関する意識が向上した。同時に親との関係改善傾向が認められた。

【解　説】

● 実施の容易度
・本事例は一つの中学校が全校を挙げて取り組んだものであり，学校長をはじめ教職員が一丸となって生徒と歩調を合わす必要があった。
・生徒の自発性を尊重し，彼らのユニークな提案を実現すべく，教職員とPTAが全力でサポートするというスタンスの確立と維持は容易ではない。しかも土曜日半日を全学的イベントに費やすのは，学習指導要領の年間スケジュールからみて困難が予想される。
・しかし，準備期間を通じて教員のコーディネート役が盛り上げられれば，十分可能である。放課後の部活動との兼ね合いもあるが，生徒たちが自ら企画推進係，用具や会場の準備係，および当日の進行係といった自分たちの役割分担を明確化することによって，克服できるであろう。
・生徒側が提案する内容には，予算や学外機関の支援を伴うものが多い。これらに関しては，PTAの協力が不可欠である。生徒たちの企画の進行に合わせて，教職員とPTAが実現可能性も含めて綿密な協議をする必要がある。その結果，予算や人的支援の許容範囲で実現可能性の判断がなされるであろう。いずれにしても，こうした困難の克服の暁に「生徒が主役・大人はサポーター」という新たな「中学生による中学生のための安全教育」が実現することは間違いないと考えられる。

● 教育の効果
・本事例は，命を大切にすることが強く求められた時代背景と，教育困難学校への対策が模索された社会背景のもとで行われた試行的安全教育であり，いつの時代でもすぐに取り組むことができるものではない。しかし，教職員やPTAが子どもの安全教育に対する危機感をもって当たれば，取り組みに対する多大な効果が期待される。
・加えて，同世代の者同士が互いに学び合うというピア協働実践型教育には初期に労力を要し，その効果検証には時間を必要とすることを覚悟しなければならない。
・しかし，本事例の追跡調査の結果，生徒の自転車通学態度の改善のみならず，その後は学校全体が落ち着いて市内の模範校となり，現在では地域教育協議会の中核的役割を果たしている。また，「命のフェスタ　みどりの林檎」はテーマを変えながら恒例行事となり，今年で第13回を数えている。

【引用・参考文献】
金光義弘　2005　「命のフェスタ　みどりの林檎」は今　交通安全教育, **469**, 249-251.

（執筆者：金光義弘, 解説：谷口俊治）

実施の課題	教育の効果
1・2・5	3・4

[事例10] 自動車教習所における交通安全教育

目　標	飛び出しや巻き込まれによる交通事故の危険性を理解し，身を守ることを学習する。また，交通ルールを再確認し，自転車の安全な乗り方を習得する。
対象者	中学1年生120名（30名×4クラスを2回に分けて実施）。
担当者	自動車教習所指導員10名。
場　所	自動車教習所場内コースと学科教室。
所要時間	100分（50分×2回，途中10分休憩）。

【方　法】

①座学
・自転車の運転に必要な交通ルールについて解説する。具体的には，自転車の通行方法，二人乗りや傘さし運転などの禁止事項について，教室でパワーポイントを用いて解説した。

②実技走行
・駐車車両や左折合図車の左側方通過，一時停止交差点，左側通行の原則などの危険箇所をあらかじめコースに設定し，自転車で走行した後，実際にコースを歩きながら，指導員が解説した（図1）。

③見学実習
・渋滞中の車両間からの飛び出し（図2），マイクロバスの左折時の内輪差による巻き込み（図3）を指導員が場内コースで実演し，その危険性について解説した。さらに，生徒の頭部に見立てたかぼちゃを脚立の上（7段）から自転車用ヘルメットあり・なしで落下させ，その重要性を解説した。

図1　左折合図車の左側方向通過

図2　渋滞中の車両間からの飛び出し

図3　マイクロバス左折時の巻き込まれ

表1　実施スケジュール

所要時間（分）	1班	2班	3班	4班
10	オリエンテーション			
20	座学		実技走行	見学実習
20	座学		見学実習	実技走行
10	休憩			
20	実技走行	見学実習	座学	
20	見学実習	実技走行	座学	
10	ヘルメット着用の効果，全体のまとめ			

【実施の結果】

教育前後に生徒へのアンケート調査を実施した。結果は以下の通りであった。
・交通ルールを守ることが大切と回答する生徒，内輪差について理解していると回答する生徒の平均値

が教育後に高まった（図4）。
・自転車の乗り方の危険度を問う質問について、狭い道からの交差点不確認進入、車の側方すり抜け、ヘルメット非着用をそれぞれ危険と回答する生徒の平均値が教育後に高まった（図5）。

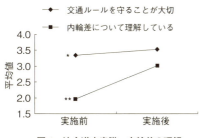

図4　法令遵守意識，内輪差の理解　　　　図5　自転車乗車方法の危険度の認識

※図4，図5ともに数値が大きいほどそう思う度合いが高く、4が最高値。
（参考）＊は5％水準，＊＊は1％水準で有意差ありを示す。

【解　説】

●実施の容易度
・本事例は、自転車通学を開始した中学1年生を対象に、中学校からの要請により、1学期に総合学習およびホームルームの時間を利用して実施した。
・本事例は、自動車教習所の施設、スタッフを活用して、講習時間中は通常の教習業務を休止して実施した。指定自動車教習所は地域の交通安全センターとしての役割を積極的に推進していることから、学校と近隣教習所との間で事前の協議が行われれば、実施できる可能性がある。しかし、こうした講習は教習所の費用負担で実施される場合が多く、実施できる学校数（生徒数）には限界があると考えられる。
・座学や実技走行は、自転車の乗車方法の基本や地域特性に応じた内容を意識して実施する必要があるが、地域の自動車教習所であればこの点は問題ない。
・見学実習については、自転車と自動車の運転担当者双方が衝突手前の状況を安全に演出できるよう綿密な打ち合わせを要する。この点について、自動車教習所に対応できる態勢が必要となる。
・本講習は、あくまでも授業の一環であることを明確にし、生徒に積極的にメモをとるように促すなど、自動車教習所職員と中学校教員とが事前に打ち合わせをすれば効果的な講習が実施できる。

●教育の効果
・本事例は、自動車教習所の場内コースや交通に関する専門スタッフの特色を活かした具体的かつ臨場感のある講習であり、交通ルールの遵守意識や内容の理解を効果的に高めていると考えられる。
・また、生徒がメモを取るなどすることで主体的な学習を促進している。

【引用・参考文献】
谷口嘉男他　2014　中学生・高校生対象の自転車交通安全教育実施に関する感情、認知、行動特性—教習指導員、技能検定員と安全運転管理者、運行管理者との比較検討　交通科学, 45(1), 28-37.

（執筆者：谷口嘉男，解説：谷口俊治）

[事例11] 家庭における継続的安全教育の個別事例

目　標	身の安全を自ら守る，また将来親となった際に子の安全を守る意識をもてるようになることを目的とした。
対象者	小学校低学年児童1名（筆者の長女）。
担当者	保護者1名（筆者自身）。
場　所	日常の生活圏。
所要時間	日常生活中。

【方　法】

①外出時の安全教育事例1
- 近隣への買い物など，親子・家族で徒歩により外出する日常の機会を利用して，交差点での「待ち位置」と「横断の仕方」の訓練を反復して実施した。
- 交差点や歩道の構造（車線の数＝幅，歩道の広さ，車両突入防止柱・点字ブロックなどの施設）を学齢に合わせて説明した。
- 「安全確保などの保護者の監督責任」のもと，児童に普段通りの横断をさせた。この際，自然な行動を保護者が観察するため，「渡ってごらん」など言わず子どもに横断させた。
- 横断方法などを観察し，良い点を褒め，不適切な点を子どもに問いかけた。観察のポイントは以下の通り。
  ①信号待ちの際，交差点直近ではなく車道から距離を取って待っているか。また点字ブロック上に立ち，通行の妨げとなっていないか（図1）。
  ②青信号であっても車道（横断歩道）に飛び出さず，必ず止まって自転車を含む他の車両の動静確認をしているか。
  ③譲ってくれた車両などに会釈するなどの他者配慮が実践されているか。

信号待ちの一場面。中央に見える5本の車両突入防止柱の意義と自分の停止位置，点字ブロック上を避けるなども併せて教える。なお，この位置から横断を開始すると並行する車道からの右左折車と横断歩道上で交差する可能性が高くなる。その点について，小学校低学年ではまだ理屈を理解し難いので，横断歩道手前で車両が停止してから渡るように指導する。

図1　歩道での停止位置

②外出時の安全教育事例2
- 事例1で行った交差点での待ち位置を理解しているか確認するため，保護者が横断歩道の先端（不適切な停止位置）であえて止まった。待ち位置より前にいることを保護者に知らせて安全な距離まで下がることができるかどうか観察した（図2）。

図2　日常場面での子どもの理解度の確認

③家庭内の遊びの中での安全教育事例
- ミニカーなどを使った遊びの中で飛び出しの危険性などを理解させた。
- 空き箱などを利用した建物を配置して路上を再現し，遊びの中でドライバー役を演じさせた（図3）。ミニカー遊びに夢中になっているところで，あらかじめ作成した人形（図4）を飛び出させて，事故の危険性を伝えた（図5）

図3　ドライバ視点の学習　　図4　飛び出し人形（作例）　　図5　あっ！危ない！

【実施の結果】

・保育所に通う3歳頃から学齢に合わせた指導を続けて7年となった。日々の買い物などに同行させた際，交差点で待つ・横断する手順を観察すると，おおむね教えた通りの動作を行っている。
・時折，「何が見えるかな？」と質問し，実際の車両・人の動きと本人の回答とに齟齬がないか確認した。学齢段階に応じて，その都度何を見逃しているかをクイズ形式で説明すると，2回ほどで覚えて実行した。また，あえて交差点の直前に立って信号待ちをしようとすると，「(待つのは)後ろだよ」と回答し，点字ブロックの上で立ち止まると，「そこは空けておくの」と他者の動きにも配慮していた。
・日常の歩行時などを利用して，他者の動き（主に危険な行為）を教える際に，家庭内の遊びの飛び出しシーンなどから，「(ミニカー遊びの時と)同じ動きだね」や「事故になったらたいへんだね」と子どもがイメージし，理解していた。

【解　説】

●実施の容易度
・本事例は，高価な機器や特段の時間も必要なく，容易に実施が可能である。
・ただし，親子の信頼関係に基づく実施方法であり，互いに向き合い密度のある会話や触れ合いを大切にした日常からのコミュニケーションが重要となる。
・また，子どもから信頼を得るため，保護者自身が平素から適切な行動（遵法行動や他者配慮）を行うことが求められる。
・さらに，適切かつきめ細やかな日常訓練のため，交通安全や子どもの発達に関するある程度の知識が必要となる。

●教育の効果
・本事例の効果に関する客観的なデータはこれまでのところ存在しない。
・ただし，本書基礎編にも記されているように，子どもが適切な横断方法を習得するには日常からの訓練が重要となる。本事例のように，保護者が子どもに継続的に正しい横断方法を教えることができれば，教育の効果は大きいと考えられる。また，この教育が子から孫へと伝承されることが期待される。

【引用・参考文献】
宮﨑　一　2012　わが家の「交通」教育―守ること，守られること　日本交通心理士会会誌, 4, 30-33.

（執筆者：宮﨑　一，解説：大谷　亮）

実施の課題	教育の効果
1・2・3・4	2・3

[事例12] 小学生児童対象の自転車安全教育

目　標	児童が一人で学区内の道路を安全に自転車利用するために，最低限必要と考えた技量を身につけることを目標にした。また，保護者が教育に参加することで，家庭での継続的な教育の必要性を認識し実行することを企図した。
対象者	3年生児童15名（1クラス）と保護者15名。
担当者	自動車教習所職員4名，学校教員1名の計20名。
場　所	小学校校庭と学校周辺道路。
所要時間	2時間40分。

【方　法】

①自転車と服装点検：交通安全の観点から服装チャンピオンをクラスの中から児童が選び，選んだ理由について発言させた。また，保護者と一緒に車両点検を行った（15分）。

②コンビネーションスラローム：自転車の操作技量の向上のため，校庭に大小様々なカーブを含む幅1.5m程のサーキットを白線で描き，タイムトライアルを実施した（保護者が計測）。

③危険回避と緊急停止：児童に自転車を最大限加速させ，保護者が提示した両手に持ったカードの数字の少ない方（危険の少ない方）に回避させ，判断，回避行動の難しさを理解させた。

④安全確認の訓練：自転車の操作技量の向上のため，進路を右（左）に変える際に，右（左）後方を振り返って，保護者の持つカードの数字を読む訓練を行った（②-④は同時進行で実施：30分）。

⑤危険のサイン：非言語的コミュニケーションを通してドライバーの意図を把握する技量を習得するため，3場面（対向右折，左折巻き込まれ，脇道からのバック）を対象に，何（方向指示器，バックランプ，ドライバーの動きや素振りやパッシングなど）を見て，どのように行動したら良いかを児童に質問した。四輪車には保護者代表が乗り，ドライバー役を演じて，意思表示などを児童に示した。あらかじめ全場面で児童全員にドライバーの意図などについて質問し理解させたあと，各自自転車で想定場面を走行した（20分）。

⑥横断の可否判断：校庭を周回する四輪車の速度を観察させ，その前の横断歩道を安全に横断できる距離を児童に質問し，そのタイミングで実際に横断させた。この際，四輪車には，横断できると答えた児童の保護者に同乗してもらい，実施後に児童，保護者，相手から感想を聞いた（図1）。安全確保のため，車両は補助ブレーキ付きの教習車両を使用した（20分）。

⑦学校周辺道路を使っての安全走行：校庭内と道路との違い，さらには，安全確認の方法を児童全員に質問した後，担任教諭と保護者を中心に交差点毎に観察者を立たせ，助言・指導した。学校周辺の道路は交通が頻繁でない箇所を選び[注]，安全に十分配慮しながら，目と耳を活用しての自転車走行時の安全確認と一時停止行動を重点的に児童に教えた（30分）。

⑧室内学習：(a) 危険感受性向上プログラムと (b) 非言語的コミュニケーション能力向上プログラムを，児童と保護者が一緒に実施した。その後，児童向け交通安全DVD（アニメ教材）を見て，最後に安全教室実施の目的を互いに再確認して終了した（図2）（45分）。

図1　横断の可否判断　　　　図2　危険感受性向上プログラム

【実施の結果】

①実施項目毎に学習内容の有用性と学習効果などを10段階で評価するように担当教諭に求めたところ，自転車点検，安全確認の訓練，室内学習が8点，服装点検，危険のサインが7点，コンビネーションスラローム，危険回避と急停止が6点であった。

②教諭と保護者の主な感想は以下の通りであった。

・教育実施により，周りの危険に気をつけるようになった。

- 2時間40分の実施時間により，多様な学習ができ充実していた。ただし，これ以上の長時間は児童の集中力が続かないと思う。
- 深く学び考える機会が設けられ，危険予知能力の意識づけができた。
- 児童は全員無事故を継続している。ただし，不安全な運転ぶり（自分が危険な乗り方をしていることに気づいていない）が散見されるので，学校としても指導を継続した。

【解　説】

●実施の容易度
- 本事例はPTA行事として日曜日に実施されており，2時間40分の時間を要している。交通安全教室として少人数児童を対象に実施する場合には適している。ただし，多くの時間を割くことが困難な学校のカリキュラムの中で実施するには，発達に伴う児童の理解力に配慮して，例えば，自転車操作の技量の習得のみを目的とするなど，教える内容を焦点化する必要がある。
- また，四輪車を走行させる場合には，安全上の配慮が必須であり，さらに，ある程度の速度で四輪車を走らす場合に，校庭が痛むなどの問題が生じる。
- 本事例では，自動車教習所インストラクター4名が教育を担当しているが，保護者との事前の打ち合わせができ協力が得られれば，インストラクター1名でも実施可能である。また，使用する車両についても，保護者や教員の自家用車を借りるなどの工夫で対応可能である。
- 教授法は，児童および保護者の学習への動機づけを高めるために，コーチング技法を用いている。このため，コーチングに関する知識と技量をもった教育担当者が必要となる。
- PTA行事のため担当する側の予算がなく，赤字運営となっているのが現状である。

●教育の効果
- 本事例に参加することで学区内を児童が一人で自転車に乗ることが許可されるといった誘因を与え，児童の学習への動機づけを高める工夫を行っている。
- 一方で，一人で自転車に乗ることを許可するには，様々な内容を教える必要がある。そのためには，2時間40分といった長い時間を要するが，児童が学習に集中できるように配慮する必要がある。
- また，発達段階の観点から，小学校3年生が本事例に含まれている様々な内容を理解できているかについては未検討である。
- 本事例によって，知識面に加えて児童の態度や実際の行動がどのように変化したかについても不明である。
- さらに，3年生が理解しやすいように，本事例に含まれる様々な内容を論理的に構成する必要があり（例えば，実施の順序や盛り込む内容の精査），そのための検討が今後必要である。

（執筆者：永井晃一，解説：向井希宏）

注）都道府県によっては，道路交通法施行規則／細則において，道路における禁止行為として，「交通のひんぱんな道路において，自転車等の練習をすること」が記されている。

実施の課題	教育の効果
2・3	2

[事例13] 地域住民による交通安全教育

目　　標	地域住民が中学年児童の交通安全教育を担当することで，児童および地域住民自身の安全態度の醸成を目標とした。
対象者	3年生約60名（約30名×2クラス）。
担当者	地域住民7名，安全に関する専門家9名，教員2名の計18名。
場　　所	小学校校庭。
所要時間	45分。

【方　　法】

①児童を対象にした教育の30分前に地域住民が集合し，(a)安全教育の考え方，(b)子どもの交通事故の特徴，(c)子どもへの接し方，(d)自転車の乗り方の訓練方法（実地での説明）について専門家から解説を受けた（事前学習）。また，事前学習時に，教育担当者用のマニュアルを地域住民に配布し，このマニュアルをもとに，子どもの訓練を実施するように求めた。

②校庭に見通しの悪い交差点（図1(a)）を4箇所設定し，各箇所で地域住民が児童に自転車乗車時の横断方法を個別に訓練した（図1(b)）。

③訓練では，児童に普段通りの自転車乗車を求め，その乗車方法を観察していた地域住民が良い点を褒め，不適切な点を児童に問いかけた。観察のポイントは以下の通りであった。
(a) 車道に飛び出さずに停止したか。
(b) 周囲（左右前後）の確認は見通しの悪い箇所も確実に見ているか。
(c) 自転車の前輪が車道にはみ出し過ぎないように周囲を確認したか。
(d) ブレーキは両手で確実に操作したか。
なお，横断方法の訓練の待ち時間には，事前に撮影した学校周辺の交通場面の写真を見ながら，「危険箇所のチェック」と「この箇所での横断方法」を考えるよう児童に求めた（危険感受性訓練）。

④専門家は地域住民による訓練をサポートし，最後に，自転車の乗り方についての復習（まとめ）を行った（表1）。

(a) 設定した交通状況　　　(b) 地域住民が訓練する様子

図1　地域住民による訓練の様子

表1　実施スケジュール

所要時間 (分)	1組		2組	
	1班	2班	1班	2班
10	実施内容の説明			
30	地域住民による訓練 （各班4箇所に分かれて実施） （横断方法の訓練を待っている間は危険感受性訓練を実施）			
5	専門家によるまとめ			

注）児童の教育の実施前に，地域住民は児童を訓練できるように事前学習を受講。

【実施の結果】

教育前後に児童へのアンケート調査を実施した。結果は以下の通りであった。
・実施した安全教育について，「楽しかった」と回答する児童が多かった（図2）。
・交通事故に遭うリスクに関する児童の認識に，教育前後で大きな差は見られなかったが，自分は事故に遭わない（はい）と回答する児童が少し減り，「いいえ」と回答する児童が増える傾向がみえた（図3）。

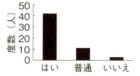
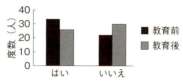

図2　実施した教育は楽しかったか？　　　図3　自分は事故に遭わないか？

【解　説】

●実施の容易度
・子どもの訓練を担当する地域住民の協力を得るため，事前の調整を要する。
・本事例では，防犯のために日々地域の見回りを行っている団体に小学校を通じて協力を依頼しており，地域の団体と小学校との連携が密であれば，調整は比較的容易だと考えられる。
・1学年60名程度であれば，小学校の1時限分（45分）でも本事例を実施することができる。ただし，児童数が少ない方がきめ細やかな訓練ができる。
・校庭内に想定する交通場面を設定する必要があり，見通しの悪い状況や見通しの悪い地点に配置する車両の設定が必要となる。
・地域住民が児童の安全教育を担当するために事前学習を必要とし，また，専門家によるサポートが重要となる。この点について，本事例では，地域住民の負担を極力小さくするために，事前学習を児童の訓練当日30分前に実施することや，担当者用のマニュアルを用意するなどの工夫をしている。
・自転車乗車に関する訓練の場合には，児童用の自転車を20台程度（4箇所×5台程度）準備する必要がある。また，様々な児童の体格に応じるため，大きさの異なる自転車とヘルメットを準備しなければならない。
・児童が自転車の訓練を待っている間の時間を有効に活用するための配慮が必要になる。本事例では，待ち時間の間に，危険感受性訓練を実施する工夫を行っている。

●教育の効果
・地域住民が訓練を担当したが，児童は本教育に対して好意的な感情を抱いており（図2），子どもの接し方などを事前に学習することができれば，地域の住民でも学習の動機づけを高める教育が可能と考えられる。
・ただし，事故の危険性に関する児童の認識を明確に変容させるには至っていない。
・さらに，実路上での児童の自転車乗車時の行動がどのように変化するかについては効果が検証されておらず，行動を適切に変容させるための教育を考える必要がある。
・参加した地域住民が，本事例で学習した内容をもとに日常的に児童の訓練を実施することができれば，継続的な教育が可能となり，児童の態度や行動が適切に変容する可能性がある。

（執筆者：大谷　亮，解説：向井希宏）

あとがき

　本書は，日本交通心理学会の学校・家庭部会の2005-2010年（矢橋昇部会長）および2011-2013（金光義弘部会長）の9年間に亘る活動成果の一つです。この間に，2005年のアンケート調査から始まり，学会大会ごとに開催されたワークショップ（7回），部会委員による会合（6回），および座談会が行われました。その記録は引用・参考文献の「2005～2010年度日本交通心理学会学校・家庭部会活動報告書，2012，日本交通心理学会刊行」および「学校・家庭部会ワークショップ実施報告，交通心理学研究，2011-2013，日本交通心理学会刊行」に収録されています。これらの記録によって本書がどのような経緯で実現することになったのか，また本書が何を目指したものなのかを知ることができると思います。

　ここでは，これまでに学校・家庭部会で取り上げられた主なテーマの列挙に留め，記録の詳細は割愛します。

- 同部会活動の基本的方向性の確認
- 交通安全教育現場での具体的な実践に結び付く研究に対する期待
- 学校および家庭における交通教育の向かうべきテーマ
- 自家用車からはじめる親と子の交通教育
- 交通安全ハザードマップの作成
- 中学校における交通安全実践教育の成功例
- 社会性育成を主眼とした交通安全教育の推進
- 保育者のための交通安全体験シミュレーションの実施
- 交通安全教育の現状の把握と問題点の整理
- より効果的な教育や対策の手法策定の手がかりを探る
- 中学生，高校生の自転車利用に関する問題点
- 保育者養成校における交通安全教育の必要性と実施のあり方
- 交通安全教育の概念と定義の共通認識
- 交通安全教育の基本指針の策定
- 交通安全教育への関心の薄さとその背景
- 交通安全面のしつけの不毛の要因
- より良い交通安全教育実現に向けての課題
- 学校，家庭，地域の交通安全教育の正確な実情把握および理解
- 望ましい交通社会のあり方と，その為に必要な真の交通安全教育の方向
- 幼児期から青年期の各発達段階での学習課題とすべき交通行動規範
- 転換期を迎えた小学校教諭の交通教育
- 幼稚園から中学校教員の学校における今後の安全教育
- これまでの部会活動の総括と実現可能かつ効果的な教育方法の模索
- 安全技能レベルから人間教育に至るレベルでの実現
- 部会の課題として，学会員の研究成果を社会に還元すること
- 効果的な教育プログラムの開発

　以上の種々のテーマに関する調査・研究および検討を経て，「発達過程を勘案した教育プログラムのパッケージ化」が提案されるに至りました。そして2013年の第6回部会ワークショップにおいて，本書の代表編者の大谷氏による「交通安全教育プログラムのパッケージ化の方

向性」の具体案が採択されて，本書が誕生したという次第です。

　本書の最終稿がそろったところで，その構成をあらためて概観すると，本書が，実行しやすく，かつ実効性のある教育手法を求める交通安全教育現場の期待に果たして十分に応えているかに一抹の不安を覚えます。私どもは，研究に熱意をもって取り組んでいますが，「実践的教育手法」を社会に提供するという課題の達成については未だ道半ばといわざるを得ません。それにもかかわらず本書の出版を決意したのは，たとえ本書が微々たる力にしかならないとしても，少しでも子どもたちの交通事故が減り，子どもたちとその家族の安寧という幸福が保たれることを願ってのことでした。

　最後に，一連の同部会ワークショップを締めくくられた金光部会長の言葉は，「今後の方針として，交通安全教育プログラムのパッケージの効果検証と同時に，クロスカルチュラルな共通項を核にした新たなパッケージ化を進めてはどうか。教育現場に対しては専門家による有効な知見の提示が必要である。」でした。ここでいう「クロスカルチュラルな共通項」というのは，交通安全教育は特殊な教育目標のように感じられるかもしれないが，じつは日常生活における人々の行動の一側面なのであり，その基本は他の人々と関わりのあることに言及するものです。このことは，これまでの本部会の討論で繰り返し指摘されてきたことでもあります。交通行動には，日常生活の様々な人間の活動と共通する事柄が数多く含まれており，本書に続く次のステップではこの点を核に据えた教育手法の提案をめざしたいという意味でもあります。これが実現すれば，本部会が社会に提供できるこれまでにないユニークな交通安全教育プログラムになると考えています。読者の皆さまの忌憚のないご意見やご感想をお寄せください。

旧部会代表幹事
谷口俊治

【引用・参考文献】

金光義弘　2013　第78回大会学校・家庭部会ワークショップ実施報告　交通心理学研究, 29 (1), 54-58.

金光義弘・向井希宏・内山伊知郎・垣本由紀子・神作　博・鈴木由紀生・谷口俊治・西山　啓・宮川忠蔵・矢橋　昇　2012　第77回大会学校・家庭部会ワークショップ実施報告　交通心理学研究, 28 (1), 62-68.

金光義弘・向井希宏・内山伊知郎・垣本由紀子・神作　博・鈴木由紀生・谷口俊治・西山　啓・矢橋　昇　2011　第76回大会学校・家庭部会ワークショップ実施報告　交通心理学研究, 27 (1), 19-24.

矢橋　昇・向井希宏・内山伊知郎・垣本由紀子・金光義弘・神作　博・鈴木由紀生・谷口俊治・西山　啓（編）2012　2005-2010（平成17-22）年度日本交通心理学会学校・家庭部会活動報告書　日本交通心理学会．

おわりに

　日本交通心理学会とはいかなる学会で，何をする集まりかご存知の方は少なかったと思います。じつは学会の目的は心理学を中心とした調査や研究の成果を活かし，交通事故の抑止と良き交通環境を整えることにあります。その目標達成のために幾つかの作業部会があり，その一つが当部会で，主として子どもの交通安全を学校と家庭が守るためにはどのような教育方法があるかを考え，そして実践活動を行っています。

　しかし残念ながら，交通安全教育の理論と実践を系統的にまとめた書籍を刊行する機会がありませんでした。この度，部会の活動の機も熟し，ナカニシヤ出版（株）の宍倉由髙編集長の後押しがあり，わが国で初めて交通安全教育のユニークな書籍を世に出すことができました。読者の皆さまの目線で利用価値のある内容にしたつもりですが，何ぶん初めての試みであり，理解しづらかったり，疑問に思われた箇所があると思いますが，お気づきの点はぜひお問い合わせください。

　私どもが望むのは，何よりも実践した結果の感想や，成果の有無，改善点のご指摘，さらにはいっそう有効な実践例などを頂戴することです。そのお声を次のステップに反映させて，教育現場の期待にいっそう応えられるような内容に充実させていきたいと考えています。同時に，谷口代表幹事も触れておられる，交通安全教育に対して，良き社会人教育という意味も込めたクロスカルチュラルな書物に発展させていきたいと考えています。本書が契機となってシリーズ化されれば，などという夢を描いています。

　今日の学校や家庭において，「たかが交通安全教育」と思われがちなものが，じつは「されど交通安全教育」と見直される日が来るに違いないと信じています。

旧部会長　金光義弘

事項索引

A–Z
3A トレーニング　18
5W1H　7
9・10歳の節　20
Green Cross Code　6
Table-Top 法　18

ア行
アクティブ・ラーニング　30
アサーショントレーニング　20
アメリカ的問い　14, 20
安全管理　25
安全教育　25

ウォーキングバス（Walking bus）　9
運転行動階層モデル　4

横断練習　38
オープン・クエスチョン　30

カ行
カーブクラフト（Kerbcraft）　9
階層的アプローチ理論　28
学習　3
学校安全　25
学校安全の推進に関する計画　29
学校保健安全法　i, 26
観察学習　33, 41

危険　5
危険感受性訓練　46
危険知覚　17
危険補償（Risk compensation）　5
教育　3
教育担当者に求められる心構え　33

クロスカルチュラルな共通項　65
クロッシングガード　9
訓練　3

系統的カリキュラム　31
顕在的危険　17

公共マナー　48
構成概念　3
交通安全　3, 25
交通安全教育　i, 3, 26
交通安全対策基本法　26
交通心理士　35
交通心理士補　35
行動修正法　8
行動の自動化　15
コーチング　3
子供が習得すべき技量　7

サ行
災害安全　25
最近接領域（Zone of Proximal Development）　8, 28

思考の領域特殊性　20
自己効力感　8
事故対策の5E　5, 33
実際訓練法　7
自転車安全利用五則　50
社会的視点取得　18, 19
社会的スキル　18
社会的スキルトレーニング（Social skill training: SST）　20
主幹総合交通心理士　35
主体性　30
主任交通心理士　35
小集団討論　47
心理学　i

スイスチーズモデル　5
スケアード・ストレート　51
スパイラルカリキュラム　7

生活安全　25
潜在的危険　17
操作　14
組織活動　25

タ行
他者観察法　30
他者視点取得　18

通学路安全推進事業　26
通学路安全対策アドバイザー　26

提示法　7

道徳性の発達　19

ナ行
日本交通心理学会 学校・家庭部会　i
日本交通心理学会　i, 35
認知　14

能力開発　28

ハ行
ピアジェの理論　14

フリン効果　20

マ行
ミラーリング法　19

模擬市街地　50
模擬道路課題（Pretended road task: PRT）　16

ヤ行
役割演技法　18, 46

ラ行
ラポール　34

リスク　5
リスク・テイキング行動　18
理論　i
理論教育法　7

人名索引

A-Z
Ampofo-Boateng, K.　*17*
Bailey, J. S.　*9*
David, S. S.　*15*
Fyhri, J. R.　*18*
Godding, A. L.　*13*
Hoffman, E. R.　*16*
Jonah, B. A.　*18*
Lewis, R. V.　*51*
Michon, J. A.　*7*
Ohtani, A.　*15, 16*
Thomson, J. A.　*7, 17, 30*
Treat, J. R.　*5*
Whelan, K.　*9*
Wilde, G. J. S.　*5*
Yeaton, W. H.　*9*

ア行
新井邦二郎　*7*

ヴィゴツキー（Vygotsky, L. S.）　*8, 28*
宇留野藤雄　*13*

江川　亮　*20*

大谷　亮　*6, 7, 13, 14, 16-18, 20*
太田博雄　*19*
小川和久　*4, 6, 7, 14, 17, 20, 25, 27, 30*
小川保麿　*33*

カ行
垣本由紀子　*i*
金光義弘　*i, 64*
神作　博　*i, 21, 34, 35*

国府田美幸　*17*

ケスキネン（Keskinen, E.）　*4, 28*
小泉吉永　*33*
コールバーグ（Kohlberg, L.）　*19*
小嶋秀夫　*14*
小林　実　*16*

サ行
斉藤良子　*6, 17*
サンデルス（Sandels, S.）　*6, 13, 15, 27, 28*

杉本五十洋　*42*

セルマン（Selamn, R. L.）　*18, 19*

タ行
竹内謙彰　*14*
谷口俊治　*i*

デメトレ（Demetre, J. D.）　*16, 28*

ナ行
西山　啓　*i, 21*

ハ行
林　昭志　*14*
バンデューラ, A.　*33*

ピアジェ（Piaget, J.）　*14, 18*
日比暁美　*6*

フリン（Flynn, J. R.）　*20*

マ行
松浦常夫　*6*

ムンシュ（Munsch, G.）　*18*

森下正康　*14*

ヤ行
矢藤優子　*42*
矢橋　昇　*64*
山口直範　*43*
山田麗子　*13*

ラ行
リーズン（Reason, J. T.）　*5*

蓮花一己　*5, 6, 17, 18, 20*

ローテンガッター（Rothengatter, J. A.）　*7*
ローテンガッター（Rothengatter, T.）　*10, 41*

編者紹介

大谷　亮（おおたに　あきら）
　　2002年　中京大学文学研究科心理学専攻博士後期課程満期退学
　　2012年　博士（心理学）（中京大学）
　　現在　　一般財団法人日本自動車研究所安全研究部主任研究員

金光　義弘（かねみつ　よしひろ）
　　1969年　京都大学文学研究科心理学専攻博士課程満期退学
　　1993年　文学博士（京都大学）
　　現在　　川崎医療福祉大学名誉教授・客員教授

谷口　俊治（たにぐち　しゅんじ）
　　1985年　名古屋大学大学院文学研究科後期博士課程満期退学
　　1981年　文学修士
　　現在　　椙山女学園大学文化情報学部メディア情報学科教授

向井　希宏（むかい　まれひろ）
　　1985年　大阪大学人間科学研究科行動学専攻博士後期課程満期退学
　　1980年　学術修士
　　現在　　中京大学心理学部教授

小川　和久（おがわ　かずひさ）
　　1990年　大阪大学大学院人間科学研究科行動学専攻博士後期課程退学
　　1988年　学術修士
　　現在　　東北工業大学教職課程センター教授

山口　直範（やまぐち　ただのり）
　　2003年　追手門学院大学文学研究科心理学専攻修士課程修了
　　2003年　修士（心理学）
　　現在　　大阪国際大学人間科学部人間健康科学科教授

【執筆者（50音順，＊は編著者）】

大谷　亮（おおたに　あきら）＊
　　一般財団法人 日本自動車研究所 安全研究部主任研究員
　　　担当，第Ⅰ部基礎編第1章，第2章，第Ⅱ部実践編事例5，8，13

小川　和久（おがわ　かずひさ）＊
　　東北工業大学教職課程センター教授
　　　担当，第Ⅰ部基礎編第3章，第Ⅱ部実践編事例2，4

金光　義弘（かねみつ　よしひろ）＊
　　川崎医療福祉大学名誉教授・客員教授
　　　担当，第Ⅱ部実践編事例9

神作　博（かんさく　ひろし）
　　中京大学名誉教授
　　　担当，第Ⅰ部基礎編第4章

鈴木　由紀生（すずき　ゆきお）
　　茨城大学名誉教授，自動車安全運転センター安全運転中央研修所講師
　　　担当，第Ⅱ部実践編事例7

谷口　嘉男（たにぐち　よしお）
　　株式会社 八日市自動車教習所教習指導員 副管理者
　　　担当，第Ⅱ部実践編事例10

永井　晃一（ながい　こういち）
　　株式会社 鶴岡自動車学園 研究開発室室長 副管理者
　　　担当，第Ⅱ部実践編事例12

宮﨑　一（みやざき　はじめ）
　　学校法人山田学園　有瀬幼稚園
　　　担当，第Ⅱ部実践編事例11

矢橋　昇（やはし　のぼる）
　　交通評論家，矢橋社会・交通マナー育成塾主宰
　　　担当，第Ⅱ部実践編事例6

山口　直範（やまぐち　ただのり）＊
　　大阪国際大学人間科学部人間健康科学科教授
　　　担当，第Ⅱ部実践編事例1，3

子どものための交通安全教育入門
心理学からのアプローチ

2016 年 1 月 30 日　初版第 1 刷発行
2018 年 11 月 30 日　初版第 2 刷発行

編　者　大谷　亮
　　　　金光義弘
　　　　谷口俊治
　　　　向井希宏
　　　　小川和久
　　　　山口直範
発行者　中西　良
発行所　株式会社ナカニシヤ出版
〒606-8161　京都市左京区一乗寺木ノ本町 15 番地
　　　　Telephone　075-723-0111
　　　　Facsimile　075-723-0095
　　Website　http://www.nakanishiya.co.jp/
　　Email　iihon-ippai@nakanishiya.co.jp
　　　　郵便振替　01030-0-13128

装幀＝白沢　正／印刷・製本＝創栄図書印刷
Copyright © 2016 by A. Otani, Y. Kanemitsu, S. Taniguchi, M. Mukai,
K. Ogawa, & T. Yamaguchi
Printed in Japan.
ISBN978-4-7795-1007-6

本書のコピー，スキャン，デジタル化等の無断複製は著作権法上の例外を除き禁じられています。本書を代行業者等の第三者に依頼してスキャンやデジタル化することはたとえ個人や家庭内での利用であっても著作権法上認められていません。